Van Paradegrond tot Pastorie

Carl Davis

Published by Carl Davis, 2024.

VAN PARADEGROND TOT PASTORIE

First edition. January 19, 2024.

ISBN: 979-8224872244

Written by Carl Davis.

Van Paradegrond tot Pastorie

---

1. http://www.facebook.com/paradegrond

Aanbevelings

Stories is die lewe. Enige beroep het sy eie unieke stories. So ook die stories wat in die loopbaan van 'n soldaat geskryf word. Elke Korps, Weermagsdeel of Afdeling, het onwillekeurig hul eie stories. Carl se stories bring baie herinneringe en goeie tye weer terug. Geleenthede soos worsbroodjie-braaie by die werk (binne die kantoor) en krieketwedstryde by St Georges Park.

Lt-Kol Danie Brümmer
Bevelvoerder: SAW Indiensnemingsentrum Port Elizabeth
1988-2001

Die kinderliedjie: "Ek is nie 'n stapsoldaatjie................ Ek is Jesus se soldaatjie, Ja Meneer" sal alle lesers wat dieper kyk, vasgenael hou. Humor, snaakse karakters, stoutighede, vreemde insidente en swaarkry is volop, maar tussen dit alles lees ek dat Ds. De Vos se uitspraak oor die skrywer toe hy maar net 5 jaar oud was: "Hy gaan 'n sendeling word!" bewaarheid is en hierdie boek getuig daarvan!

Die stapsoldaatjie het gegroei tot 'n Ef. 6 soldaat, die sendeling kan nes Paulus in 2 Kor. 11 getuig van al sy swaar, maar dit word met humor verhaal.

Daarom Salueer Lofos –gemeente (byna 11 jaar gelede deur Carl en Ronel op Kookhuis gestig) vir jou, Ronel en die kinders.

Lientjie Erasmus, Lofos-Gemeente

Wat 'n voorreg om hierdie skrywe te rig. Van Paradegrond tot Pastorie is 'n verfrissende skrywe uit die pen van Dr Carl Davis.

Hardop lag en soms 'n traan wat sy weg oor my wang vind was die rede waarom ek nie kon wag om klaar te lees. Carl se vertelling is opreg en met elke situasie se beskrywig was ek deel van wat hy weergee. Die weermag het nou sommer ook 'n afdruk in my hart gelaat met elke beskrywende woord wat vol verrassende elemente is. Die inlaat in sy eie lewe is eerlik en prysenswaardig.

'n Persoonlike erfenis is wat Carl hiermee bereik. Mag die boek deur generasies gevier word.

Lekker lees almal.

Adri Jansen van Nieuwenhuizen – Besturende Direkteur,
Pink Trees for Pauline

Stories vervul 'n belangrike rol in ons lewens, want dit is juis deur stories wat ons kultuur uitgebou en voortgesit word. Hoewel Carl om verstaanbare redes name in sy stories verander het, kon ek met die lees van Paradegrond tot Pastorie my na baie jare weer inleef in die tyd wat ons saam in Mediese Kommandement Oostelike Provinsie spandeer het.

Ek het net weer opnuut besef dat God ons soms op vreemde paaie lei ten einde ons toe te rus vir die roeping waarvoor Hy ons voor geboorte al bestem het. Wie sou kon dink dat die jong man met die ondeunde trek op sy gesig sou vorder van: "Die Kolonel het gesê ..." tot: "So sê die Here, Here ..."

Kolonel (Afgetree) Willie Nieuwoudt
Bevelvoerder: Mediese Kommandement Oostelike Provinsie,
1993 – 2002

Ek was self nie in die weermag nie. Het dit met een jaar gemis. My broer, vier jaar ouer as ek, was wel. Ek onthou sy briewe wat hy vanuit Potchefstroom en later vanaf die Grens, aan die Noordekant van die Kruger Wildtuin, vir my geskryf het. Met die lees van Carl Davis se boek "Van Paradegrond tot Pastorie" het ek weer ħ warm nostalgiese gevoel in my binnekant gekry.

Ek was nie daar nie, maar die verhale is so realisties en kostelik vertel, dat ek myself omtrent in Carl se skoene kon plaas. Dankie vir ħ genotvol-om-te-lees boek. Dalk is boek ook nie die regte woord nie, want hierdie verhale is so eg oorvertel dat dit vir jou voel of jy na ħ realiteits-program kyk. Oom Stoffel van Waboomspruit, ek weet nie of jy nog leef nie, maar jy is my held!

Dr JS (Steve) van der Walt, NG Moedergemeente George

Met die lees van "Van Paradegrond tot Pastorie" word vele herinneringe herbeleef. Carl skryf in 'n gemaklike, vloeiende en storievertellende styl wat lekker lees en jou telkens laat uitsien na die volgende storie.

Dit spreek die bekende en deurleefde gebeurtenisse van vele van 'n vorige geslag diensplig soldate en hul leiergroep aan in 'n genre wat tans vir vele hul laaste goeie (en soms onaangename herinneringe) verwoord. Dankie vir die besonderse manier waarop jy 'n amper vergete gedeelte van ons lewens vasgevang het. "

Ds Marius Cornelissen
Voormalige Kapelaan Generaal SANW

As oud-uniformdraer, wat ook die paadjie van *Paradegrond tot Pastorie* bewandel het, het Carl Davis se verhale my nie net lank laat terugdink nie, maar emosies teruggebring, reuke laat ruik en geluide laat hoor wat diep binne my weggesluit was in die onthoukas van die verlede. Terwyl ek heerlik gelag het, het ek ontdek hoe ek eintlik vir myself lag. Dan weer was daar verhale wat op die oog af komies gelyk het, maar tog eintlik toegevou was in die traan agter die glimlag. Ek lag, maar daar is geen vreugde in die lag nie, eintlik maar 'n stukkende hart weggesteek agter 'n grynslag. Hierdie boek gaan jou neem na 'n wêreld van sy eie – die uniformdraer se domein.

Dr. Aré van Eck
Predikant en Oud-SAP-lid 1978 tot 1995

Voorwoord

Met die lees van Paradegrond tot Pastorie is soveel herinneringe van die verlede oopgesluit. Elke hoofstuk in die boek is 'n stukkie goud werd - 'n stukkie goud waarin ons soveel dinge saam deurgemaak het. Ons geloof en karakter is getoets, ons het saam deur die vuur, hael en storms gegaan en het sterker daaruit gekom.

Die verhale word met soveel humor, passie en omgee vertel. Dit het weereens soveel emosies na vore gebring. - Emosies wat my laat terugverlang het na sekere dae en ook emosies as gevolg van soveel opofferinge. Al het ek nie die oomblikke op die Paradegrond saam met my liefste man deurgemaak nie, was ek wel in die gees met hom.

Ek glo dat diegene wat hulle kan vereenselwig met baie van die gebeure, sal kan saamstem dat verhoudings met andere soveel herinneringe kan bring. Op die einde van die dag vorm dit ook ons elkeen se karakter. Ons optredes, woorde en dade kan 'n blywende indruk maak op iemand anders. Ons weet net nie altyd wie daardie persone is nie en wanneer dit gebeur nie. En die meeste van die tyd maak ons 'n indruk op iemand van wie 'n mens dit die minste verwag. Hoe wonderlik en vervullend is dit om te weet dat ons 'n legende van waardigheid, integriteit en liefde kan nalaat.

Mag elkeen wat hierdie boek lees, opnuut gevul word met liefde, omgee en begrip vir mekaar. Alle eer aan Onse Vader wie Carl die talent gegee het om hierdie verhale met soveel humor, passie en omgee te kan neerpen, wat die leser boei tot die einde.

Ek weet hierdie is die begin van vele meer boeke. Ek en Carl is baie opgewonde en vertrou Onse Vader vir die toekoms wat hy vir ons beplan het.

Geniet die lees. Ek weet jy sal!

Ronel Davis

Inhoud

Oom Stoffel van Waboomspruit

Ek het die voorreg gehad om my basiese opleiding, by die SA Lugmag Gimnasium in Pretoria te doen. Ek sê voorreg, want dit was regtig dit. Op Vrydag, 17 April 1987, het ek binne-in die trein gestaan en van my vrou en ons 3 maande oue babaseuntjie, afskeid geneem. Ek het hom 'n rukkie teen my vasgedruk en my emosies probeer beheer, maar toe die fluitjie blaas en ek hom deur die treinvenster aan my vrou gegee het, het my emosies gebreek.

Dit sou my eerste "besoek" aan Pretoria wees – al het ek – met die aankoms – net die stasie en die pad na Voortrekkerhoogte gesien. By die Gimnasium aangekom, moes ek by die dienskamer aanmeld. Die dienspliginname van Januarie, was op die paradegrond aangetree, afwagtend om te hoor waarheen hulle uitgeplaas sou word. Ek het in die stilte gewens ek kon klaar gewees het met basies, maar het geweet dat elkeen wat nog ooit in die SAW was, of is, daardie belangrike fase van hul loopbaan moes voltooi.

Na aanmelding, is ek na 1 Eskader begelei. Daar moes ek by die instrukteurs se "kantoor" aanmeld. Daarvandaan is ek met die noodsaaklike uitgereik: toiletpapier, varkpan, pikstel en twee staal bakkies. Ek sou deel van Vlug 1 wees, al was dit net tot na die naweek....

Sondagoggend is ons wreed ontnugterd gelaat toe 'n Korporaal die deur oopstamp, 'n hele paar onduidelike instruksies uitskreeu en sonder seremonie die vullisdrom in ons *bungalow* uitkeer. As daar ooit 'n tyd was om te weet dat jy weet, dat jy weet, dan het dit sopas aangebreek!

Die res van die dag is sonder veel seremonie deurleef. Die kos in die menasie was nie die beste wat ek al ooit gehad het nie en was seker maar 'n voorsmakie van wat sou kom. Ek het my sivvie klere netjies opgevou en in 'n tas onder my bed gestoor. Ek het met baie emosies en vele heimwee na my hemp gestaar wat ek die Vrydag op die trein aangehad het. My vrou se trane het 'n lang mascara-streep op my skouer gelaat....

Maandagoggend het ons net na 4 opgestaan, gereed om ons eerste dag aan te durf, met geen idee wat die dag, of die volgende drie maande sou inhou nie. Ons het baie gou besef dat ons nou besig is met basies toe ons uit die staanspoor rondgejaag is. Na middagete sou ons weer moes aanmeld en sou ons heringedeel word. Dit het die band van die afgelope twee dae ongedaan gemaak, maar ek het uitgesien om nie deel van die huidige Vlug te wees nie.

Daar is seker waarheid aan die gesegde, *"meaning to the madness."* Altans, dit is wat ek beleef het. Die jongeres, diegene net uit die skool, is in verskeie Vlugte saam gegroepeer. Diegene wat – wel, ouer was, hetsy afgestudeerdes of getroud is, is in 'n ander Vlug ingedeel. So het dit dan gebeur dat ek op daardie Maandagmiddag, 'n trotse lid van Vlug 10b van 1 Eskader sou word.

In ons Vlug was nie net gegradueerdes nie, ook ambagsmanne wat heelwat ouer as ons was. Hier het ek die eerste keer vir Oom Stoffel ontmoet. Hy was alreeds 49 jaar oud en sou na basiese opleiding, as Sersant by die Tegniese Afdeling werksaam wees. Hy het met passie gepraat oor sy beroep – hy was 'n meulemaker en baie trots daarop.

Deur die verloop van ons basiese opleiding, het die Instrukteurs van ons almal dieselfde verwag. Geen persoon is ontsien nie. Ons, ek was deel van 'n groep 20-jariges, het gou agtergekom dat ons Oom Stoffel sou moes help. Hy het heelwat gesukkel om die teorie onder die knie te kry en moes ook gehelp word om die 2,4 in 'n behoorlike tyd kaf te draf.

Wat Oom Stoffel gekort het in akademie en fiksheid, het hy opgemaak met sy vasbyt-houding. Hy sou nie opgee nie, al was hy ook heel laaste in al die fiksheidstoetse. Hy was ook 'n meester *boot boner.* Ons het elkeen 'n taak gehad met die gevreesde Donderdag-Bevelvoerderinspeksie. Terwyl sommige die hemde gestryk het, het andere die vloere geskrop, gewas en poleer, of die *R2-* wapens skoongemaak. Oom Stoffel het elkeen van ons se *boots* geneem en dit *gebone* – en elkeen was 'n meesterstuk! Ons kon daardie *boots* gebruik as 'n spieël – so intens het dit geblink.

Elke oggend, wanneer die meeste van ons teen 4 vm wakker geskrik het, was Oom Stoffel alreeds op, gestort, geskeer en aangetrek. Hy het altyd gesê dat hy op 'n plaas grootgeword het en nie kan verstaan waarom mense laat wil slaap nie. Skynbaar was 4 vm té laat vir hom....

Soos die tyd aangestap het, het Oom Stoffel in ons harte gekruip. Hy was altyd bereid om te help, al het dit soms stadig gegaan, maar ons het dít geweet: As Oom Stoffel homself aan iets verbind het, dan het hy dit deurgesien.

Een aand het Oom Stoffel se vrou hom "besoek." Sy het blykbaar by die dienskamer gaan vra dat iemand hom moes roep, aangesien daar een of ander familie-probleem was. Die Offisier aan diens het haar versoek afgekeur toe hy gehoor het dat Oom Stoffel besig was met basies! Die uiteinde was dat Oom Stoffel deur een van ons mede-Rowers geroep is en hy en sy vrou deur die heining moes kommunikeer. Sy het na die verste punt van die Gimnasium, net agter die NG Kerk, gestop en hom laat roep.

'n Halfuur later het dit deur 1 Eskader weergalm: Oom Stoffel is blykbaar gearresteer omrede hy met sy vrou deur die draad gesels het. Dit was egter nie heeltemal korrek nie – hy was nie gearresteer nie, maar is deur Korporaal Louwrens betrap en sonder seremonie na die Dienskamer geneem, waar hy meegedeel is dat hy aangekla sou word – niemand kon sê waarvoor nie.

'n Paar ure later het Oom Stoffel na Vlug 10 (b) teruggekeer. Hy was rooi in die gesig. Aanvanklik wou hy nie praat oor die insident nie, maar na vele versoeke, tog lig daarop gewerp. Die uiteinde was dat ons hele Vlug, námens Oom Stoffel, gegrief gevoel het. Korporaal Louwrens was nou sonder veel omhaal, beskou as Vyand Nommer Een!

Korporaal Louwrens was – soos vele Instrukteurs, in die destydse SA Weermag – 'n slagoffer van die kleinmannetjie-sindroom. Hy het ons Vlug op 'n keer laat dril, maar dit was 'n nare mislukking. Nie een van ons kon sy instruksies verstaan nie. Dit het geklink na 'n kruising tussen 'n vreemde taal en klanke wat met hardlywigheid gepaardgaan...

Hy het ook rugby met 'n passie gehaat. Hy sou bloot sê, "Moffies speel rugby, manne doen karate....." Blykbaar was hy 'n swartgordel-karateka, maar ons kon nie bepaal of dit die waarheid was en of dit deel van die veelbesproke militêre *rumours* was nie.

Ons is, na ons eerste pas, die geleentheid gegun om 'n TV in ons *bungalow* te hê, nie dat ons daarna kon kyk nie! Saterdae was 'n ander storie. Na die wasgoed gewas en strykwerk gedoen is, kon die TV aangeskakel word – reg vir Curriebeker rugby. In al die weke wat gevolg het, sou ons net een keer rugby kon kyk. Korporaal Louwrens het elke Saterdag, net na 3nm, die Gimnasium ingery op sy Suzuki Katana. Binne minute sou die fluitjie blaas en sou die woord "AANTREE" deur die hele 1 Eskader weergalm.

Korporaal Louwrens sou ons dan begin sleg sê. "Julle plek lyk soos 'n varkhok." Soms sou die paradegrond, "die plek waar ons hulde bring aan gestorwe makkers," soos hy dit by ons ingedril het, beskryf word as "so besmet soos 'n straatvrou se handsak...." (Die presiese woorde sou geen waarde tot die verhaal toevoeg nie....)

Ons moes dan *chicken parade* doen. Die plekke waar ons beweeg het, moes opgeruim word van sigaretstompies en enige ander vullis wat dalk kon rondlê. Die *chicken parade* het aangehou totdat ons teen 5nm, (nadat die rugby verby is!) toegelaat is om na die *bungalows* terug te keer.

Ons het geweet dat daar 'n veldfase sou kom, WANNEER, was die vraag wat ons op daardie tyd, nog nie geweet het nie. So het dit dan gebeur dat ons een Maandagoggend moes aantree en na die Kwartier Meester gedril is. Daar aangekom, is ons uitgereik met rugsakke, *webbing*, slaapsakke en grondseile. Rashoop was die plek van afrekening – die plek waar ons die teorie van skietopleiding in die praktyk kon laat plaasvind.

Ons tyd by Rashoop is bestee aan oppie op oppie..... Skiet-prakties en oppie, dril en oppie, skiet-in-beweging en oppie.... So het dit aangegaan, dag in en dag uit.

In die aande moes ons wag hou. Niks snaaks daaraan nie, ek het dit ook in JL's gedoen. Wat dit egter "anders" gemaak het, was dat ons ook deur die nag deur die Instrukteurs probeer uitoorlê is. Ons is gewaarsku dat – indien die instrukteurs ons aan die slaap vind – hulle ons "gevangenis" sou neem – wat sou uitloop op 'n volgende oppie.

So het dit toe gebeur dat ons een nag wakker skrik met 'n verskriklike geraas en geskreeu in ons tydelike basis. Dit sou 'n rukkie neem voor die spreekwoordelike stof gaan lê het. Ons het probeer uitmaak wat gebeur het, maar die donker van die nag het dit bykans onmoontlik gemaak.

Ons het ons nie daardeur laat onderkry nie en het in ons groepie begin vra of enigeen geweet het wat gebeur het. Gedagtes van slangbyt het by vele opgekom. Ons Eskader-bul, het aangeraai dat ons aantree en bepaal of almal teenwoordig is. Gou het ons aangetree. "Merker" was die eerste nuwe klanke wat ons gehoor het. "Afdeling, nommer..." Na 'n paar minute, het ons bepaal dat elkeen teenwoordig was. Nog steeds het ons nie geweet wat aangegaan het nie. Indien iemand geweet het, was dit goed weggesteek.

Met eerste lig het ons aangetree. Luitenant Bolman, ons Hoofinstrukteur, het uit die tente se rigting aangestap gekom. "Rowers, ek wil nou weet wie die skuldige is! NOU!" Almal het na mekaar gekyk en nie geweet waaroor dit gegaan het nie. "Ons het gesê dat ons julle gaan uitvang as julle slaap. Dit gee julle nie die reg om reg in eie hande te neem nie! Korporaal Louwrens, tree aan!"

Korporaal Louwrens het vanuit die tente se rigting aangehardloop gekom. Soos een man, het die hele 1 Eskader na hulle asems gesnak. As ons nie gehoor het dat hý geroep is nie, sou niemand hom herken het nie. Sy regteroog was bot-toe geswel. Daar was 'n bars in sy lip en droë bloed op sy voorkop. Skynbaar het hy, met die intensie om die wagte aan die slaap te vang, aan die ontvangkant van iemand se vuis geëindig. "Soveel so vir karate," het ek gedink.

Niemand het iets gesê of geweet wie die skuldige was nie. Die oppies wat daarna gevolg het, was die mees intense tyd wat ek nog deurleef het.

Die skuldige was nooit gevind nie. Ek sou seker ook nie veel wyser geword het – was dit nie vir die skelm glimlag op Oom Stoffel se gesig nie......

Komops

As daar nou maar een ding is van Basiese Opleiding, dan is dit: Jy gaan swaarkry! Dis nie 'n vloek wat jy op jouself uitspreek nie, dis die oorgelewerde waarheid van duisende manne wat voor jou ook deur daardie eerste drie maande van hul militêre loopbaan moes gaan. Jy sou ook, na jou drie maande verby is, deel wees van die "ons was daar, dit was erg, ek is bly dit is verby," -garde. Ek het geweet dat ons, wat ons Basies in die Lugmag gedoen het, nie naastenby die aftjop gehad het wat Infanterie moes deurgaan nie. Ek het my getroos daaraan dat aftjop relatief is.

Daar kan soveel stories oor die sleg van daardie tyd vertel word, dat dit die goeie – jou intense, "ken van jouself" kon oorskadu. (Jy kom mos later tot die besef – wanneer jy nie meer kan nie, juis dan KAN jy – daardie dieper kykie in jou diepste binneste....)

Die sleg was, benewens die aftjop elke dag, ook uitgedeel deur byna elke faset van jou daaglikse bestaan. Daar was die opstaan, na 'n nag se slaap op die harde vloer – net om jou bed reg te kon hê vir inspeksie, die koue water in die ablusieblokke – veral tydens Pretoria se wintermaande, die wag om ontbyt te kon eet in die uiterste koue, die sjefs se "pogings" om vir jou eetbare kosse aanmekaar te slaan, die was van jou varkpan en piksteel in koue water sonder seep – terwyl die opdrifsels van honderde varkpanne, dik op die oppervlak lê...

Die dag was nog egter taaier as jy die vorige nag wagdiens moes doen. Die tye tussen 6 – 10nm was seker die beter tyd om diens te doen. Jy is daarna darem verseker van 'n paar uur se slaap. Die ergste was 10nm – 2vm, want dan het jy nie genoeg tyd om vóór jou diens om te slaap en ook nie genoeg tyd om ná jou diens te slaap nie.

Wat die wagdienste so sieldodend gemaak het, was die doelloosheid daarvan, veral as jy binne die basis diens gedoen het, was daar die wete dat jy nie eintlik 'n diens lewer nie – hierdie proses is net om jou verder af te breek. Watter doel sou ons dan andersins hê as ons nie eers behoorlik opgelei is in wagdiens nie – veral nie dit wat van ons verwag is nie? Ons het almal met ons *R2*'s diens gedoen, maar geen rondte in die magasyn gehad nie – sekerlik as gevolg van rede een!

Korporaal Piet Muis (ek kan ongelukkig glad nie meer sy regte van onthou nie – seker maar goed so...) het ons eenmaal "betrap" toe hy op ons afgejaag gekom het in die Gimnasium se Chev Nomad. Skynbaar mag swerfwagte nie mekaar sien tydens wagdiens nie – wanneer ek aan die Suidekant loop, moes my swerfwag-kollega aan die Noordekant wees. Ek kon die logiese daarvan insien – maar nie terwyl ons taak was om die AO-menasie te "beskerm" nie. Ek kon vir die lewe nie sien wat die vyand sou wou doen in die AO-Menasie nie.....

Ons kon – soos enige Troep maar kon – planne maak om 'n uur, of selfs 'n paar minute op 'n slag te kon slaap. Een aand, op die gewraakte 10nm - 2vm diens, het ek en die ander wag 'n oop vertrek, aan die Paradegrond se kant, gevind. Die venster het 'n mooi uitsig op die pad vanaf die Dienskamer gehad en was donker genoeg dat niemand ons daar sou kon sien nie. Daar was 'n paar geflenterde stoele wat sou dien om ons darem so 'n rukkie te kon neem na 'n droomwêreld. Dit is nogal verbasend hoe "lig" jy in so 'n situasie kan slaap, die geringste geluid kon jou laat wakker skrik en met 'n vinnige kyk in die rigting van die Dienskamer, jou kon verseker dat alles nog goed en wel is!

Een oggend, tydens die 2vm – 6vm diens, het ek en 'n mede-Roof, 'n lêplek tussen die kakiebos agter die pawiljoen gekry. Ek het eers wakker geskrik toe die sjefs met 'n "gejuig" daar langs ons verby is, oppad na 'n volgende poging om ontbyt te maak.

'n Paar dae later het Piet Muis, op dieselfde plek, twee van 1 Eskader wat aan diens was, aan die slaap gevind. Hulle het groot moeilikheid gehad – nie dat ons nie almal daardie risiko geloop het nie – inteendeel – ons het spreekwoordelik, elke aand met 'n leeu se snorbaard gespeel!

Ons was ongeveer 'n maand besig met Basies toe ons die eerste keer kennis gemaak het met *Komops*. Dit was, wel vir die meerderheid van ons, net nog 'n militêre afkorting wat sekerlik die een of ware betekenis gehad het. Die *Komops* periodes was 'n poging van die Weermag om ons verder aan die gevare van die "Rooi gevaar" bekend te stel. Tydens een so 'n sessie, het die Bevelvoerder self vir ons kom toespreek. Halfpad deur sy toespraak, het hy die Instrukteurs opdrag gegee om ons na afloop van die periode, 'n "bietjie te gaan wakker maak," aangesien hy gevoel het dat ons, "aan die slaap en treurig" is.

Die *Komops*-lokaal was ongeveer 400-meter vanaf 1 Eskader se *Bungalows*. Ons moes opvorm en daarna dril na waar die *Komops*-Offisier gewag het. (Om verleentheid te spaar – hierdie Offisier was daardie tyd nog onbekend, maar sou latere jare groot spore in die Afrikaanse Musiekbedryf trap. Internasionaal sou hy ook, in veral *Phantom of the Opera* optree....)

Die eerste paar periodes met die Offisier, moes ons luister na die redes vir die gewapende aanslag teen Suid-Afrika, die Rooi-gevaar en die opstande van binne Suid-Afrika. Korporaal Piet Muis was gewoonlik die aangestelde Instrukteur om ons tot by die lokaal te gedril het en dan sy posisie agter in die klas ingeneem het. Daar sou hy ons dophou en vinnig toevoeg – "Ek gaan julle weer wakker maak wanneer ons hier uitstap, lees jy my Roof?!" Soms sou hy tydens die lesings 'n rede soek om vir 'n wyle op die stoep sy verslawing aan nikotien te kon gaan stil.

Op 'n dag, het die Offisier vir Piet Muis aangesê om nie weer in die klas te kom sit nie. Hy het plegtig belowe dat hy ons sou besig hou en dat hy ons baie gou sou gaan verkla indien ons weer nie "wakker genoeg" is in die klas nie. Piet Muis het dit gesien as 'n vroeë Kersgeskenk – dit kon ons aan sy lyftaal sien. "Reg so Luitenant, ek lees dit so!" Hy het 'n omkeer gemaak en uit die lokaal gestap.

Die Offisier was 'n Dienspligtige. Hy het net 'n paar maande oorgehad van sy Diensplig en het, dit kon ons gou agterkom, nie meer die lus vir hierdie klasse gehad nie.

Tydens een van ons sessies, het hy 'n *Betamax* video te voorskyn gebring en plegtig aangekondig dat ons *movie* gaan kyk. Vir die volgende uur en 'n half het ons soos regte *sivvies* na die film "*Spies like us*" gekyk en kon ons, vir 'n wyle van die monotone bestaan wegbreek.

Ons het tydens Basies vir 'n week na Rashoop gegaan. Daar is ons na 'n hoër trap van inspanning geneem. Slaap was omtrent 'n luuksheid. Enige geleentheid is gebruik om 'n rukkie weg te dryf na 'n ander realiteit, nie dat dit te veel gehelp het nie. Die keuse was soms – kos of slaap, beide uiters noodsaaklik.

Ons was skaars 'n dag terug by die Gimnasium, voordat die wagdienste hervat is. Daar was geen tyd vir herstel nie, die res van Basies het nog voorgelê.

Ons is oudergewoonte weer na die *Komops*-lokaal gedril – hierdie keer deur 'n mede-Roof, aangesien Piet Muis, homself heeltemal van die *Komops*-storie verskoon het. Ons is, soos gewoonlik deur die Offisier ingewag. Hy het ons bevel om die lokaal binne te gaan. Ons het agter die lessenare, langs ons stoele, plek ingeneem. Hy het ingekom en ons lank aangekyk. "Julle manne lyk maar redelik op." Ek kon alreeds sien hoedat hy vir Piet Muis laat roep en hoedat ons vir die volgende uur of wat, op-en-af gejaag gaan word.

"Sit!" Ons het soos een man gaan sit. "Trek toe die gordyne." Dit was eweskielik baie donkerder as gewoonlik. "Ek het 'n belangrike video wat julle moet kyk" sê die Offisier. Hy het die video sonder verdere aankondiging of seremonie aangeskakel. Ek weet nie wat het ons verwag nie – dit was immers te vinnig vir die maak van "*Spies like us 2.*"

Die stroewe gesig van Generaal Earp, het ons begroet. Tot vandag toe weet ek nog nie waaroor hy gepraat het nie. Al wat ek egter nog kan onthou, was die Offisier se laaste woorde toe hy die ligte afskakel: "Lekker slaap, manne....."

Uitpasseer

Basiese Opleiding: Dit is sekerlik een van die minder aangename woorde binne enigeen van ons geslag se woordeskat. Daar is herinneringe aan min slaap, uitputting, rondjaag, kos van betwyfelende kwaliteit, inspeksies en nog vele meer.

Daar was ure van drilperiodes geskeduleer, alles om ons "as 'n glad geoliede masjien" te laat funksioneer. Die drilwerk het met die heel basiese begin, al het almal van ons ten minste in kadette die instruksies geleer. Daar was ook verskeie van ons Vlug wat alreeds basies gedoen het, maar, as gevolg van die Lugmag se regulasies, hul basies moes oordoen, aangesien hulle dit meer as 10 jaar gelede gedoen het. Dit was veral daardie groep manne wat baie ongelukkig was oor "die vermorsing van tyd," soos hulle dit gestel het.

Verskeie kere het ons goed drooggemaak met die een of ander instruksie en moes ons om die spreekwoordelike boom hardloop, soms soveel kere dat ons vergeet het om telling by te hou. Tydens een so 'n heen-en-weer hardloop-sessie, het 'n paar manne besluit om in die toilette te wag totdat die groep weer verby die toilette hardloop en sou dan net aansluit – met die hoop dat hulle nie gesien sou word nie.

Hulle is egter gesien – deur die Instrukteurs. Ons het nie dadelik besef wat aangegaan het nie, maar moes aantree en markeer-die-pas, totdat die Instrukteurs met die skuldiges – en die realiteit van hulle skelmstreke - vorendag gekom het. Die uiteinde was dat die skuldiges in twee rye as "erewagte" moes aantree. Ons, as die hele 1 Eskader, moes toe vir meer as 'n uur rondgejaag word, terwyl ons deur die "erewag" moes hardloop, terwyl hulle vir ons hande klap..... Noem dit Weermag-logika, maar toe die "Uittree!" opdrag kom, het die "erewag" met alles in hulle probeer wegkom. Hulle het egter geweet dat dit net 'n kwessie van tyd sou wees voor die sakie "persoonlik" met hulle elkeen opgelos en aangespreek is.....

Op 'n Maandagoggend, byna halfpad deur ons kursus, het ons almal op die groot paradegrond aangetree. (Voor dit was ons drilsessies beperk tot die groot sandbedekte area tussen 1 Eskader en die personeel se kantore, aan die eenkant en die telefoonhokkies en pad vanaf die hoofhek aan die anderkant.) RSM van Heerden was op sy stukke. Met sy bulderende stem – oor die luidsprekers – het hy vir ons meegedeel dat ons gaan begin om te oefen aan ons Uitpasseer parade.

Om ons gewoond te maak aan die orkes, wat ons tydens die parade sou begelei, het ons op maat van 'n bandopname van marsmusiek, die paradegrond betree. Om-en-om het ons eers, soos 'n bul wat die arena vir die eerste keer betree, die heiligdom van die paradegrond verken.

Elke nou en dan het RSM van Heerden, via die mikrofoon, instruksies uitgeblaf. Soms, net soms, wanneer die situasie begin handuit ruk, het hy vergeet van die mikrofoon en sommer sonder elektroniese hulp, sy opdragte uitgeskree. Ek het op 'n stadium gewonder hoe ver sy stem gedra het.....

Dae in en dae uit, het ons die gewone dril-aksies uitgevoer. Ons is op 'n stadium gewys hoe om ons vlugpette te verwyder vir skriflesing en gebed en veral hoe om die *R2*-geweer tussen ons knieë vas te knyp tydens die hele proses. Nou en dan het 'n wapen op die rooi grond geval, wat RSM van Heerden laat ontplof het. "Sien jy daai boom, Roof? Is jy terug?" Net om 'n paar sekondes later te herhaal, "Jy moet jou gat roer Roof, jy hou die hele parade op!"

Stelselmatig het ons dit, na vele probeerslae, letterlik onder die knie gekry....

Dit was egter nie ongehoord vir RSM van Heerden om vir die "besige" (soos hy dit genoem het), Ds van Jaarsveld in te staan nie. "Laat ons lees en bid!" is vinnig opgevolg met "Julle *$#@##$* dom Rowers! Luister na die Bevel!" of "**&*%%$* Rowers, luister na die telling." Dis dan skielik opgevolg met "Amen!"

Ons het al hoe meer met die basiese dril aksies vertroud geraak. Ons kon al hoe meer met die sagte uittel van die beweging vereenselwig. (Net een van die hele 1 Eskader het die telling baie saggies uitgetel sodat ons die bewegings op die regte maat kon uitvoer.) Dit was tyd om die finale aksies bekend te stel en ons daarmee vertroud te maak. Soos met enige parade, sou ons, as 'n Eskader, twee maal om die paradegrond dril. Met die tweede keer sou ons aan die verste punt van die paradegrond difilieer in kolonne. (Dis egter hier waar iets gebeur het, wat ek vandag nog onthou....)

Soos met enige nuwe dinge in die lewe, het die difilieer in kolonne, nie goed begin nie. Met die bevel, het die eerste chaos begin wys. Sommige van ons het te vinnig die draai na links geneem wat RSM van Heerden se bloeddruk hemelhoog laat skiet het. Sy stem was nou so hard dat ek my kon indink hoe personeel op Swartkops, die basis net langs die Gimnasium, hom kon hoor. Na die vierde, of vyfde "insident" met die draai – en sy gepaardgaande (verwagte) ontploffing, kon ek my indink dat almal by Lugmag Stasie Snake Valley, hom ook kon hoor!

"Instrukteurs, ek gaan nie weer praat nie! Kry daardie beweging reg!" Soos met enige hiërargie, is hulle frustrasie nou weer op ons uitgehaal. Die uiteinde was dat die beweging net meer en meer skipbreuk gely het. Dit het geklink asof die band wat speel, begin rek het. Met 'n oorverdowende "Aoooooh!" het dit eersklaps gestop. Ons was so besig om te konsentreer op die difilieer chaos, dat ons nie dadelik die onheilspellende stilte gehoor aanbreek het nie.

Met 'n oorverdowende geswets, het RSM Van Heerden sy passtok gegooi dat dit daar trek. (Jare later, toe ek weer verby die Gimnasium gery het, het ek die borde van Swartkops Lugmagbasis gesien – "Pasop vir laag vlieënde vliegtuie.") Onwillekeurig het ek aan die RSM se vlieënde passtok gedink en vir 'n oomblik gewonder of die borde dalk vir hom daar geplaas is....

"Julle dom %$^^&%!" het RSM van Heerden gebulder. "Parade, halt!" (Weer het ek gewonder hoedat hy nog steeds van daardie distansie, die instruksies so perfek kon uitvoer...)

Ons het netjies gehalt. "Parade, afmasjeer, links om!" Ons het weer uiters gehoorsaam die bevele uitgevoer, wel wetende dat iets onheilspellend en heelwaarskynlik, gepaardgaande met baie rondhardloop, ons voorland is. "Sodra ek sê UITTREE, dan roer julle julle gatte en kom sit op die pawiljoen, het julle Rowers my?" Soos een man het ons 'n brawe "Ja, RSM!" uitgekry. "Parade uittreeeeeeee!"

Ons het onsself vinnig na die pawiljoen gehaas en sitplek ingeneem, min wetend wat die doel van hierdie skielike verandering in die RSM teweeggebring het.

"Instrukteurs, aantreeeee!"

Ons het skielik besef wat aangaan..... RSM van Heerden se dreigemente, gemik na die Instrukteurs, het verander in 'n daad. Hierdie gaan nie 'n gewone paar minute wees nie....

Wat gevolg het, was iets om te aanskou, welwetend dat die lekkerte wat dit bring, soos 'n *garage pie* netnou die suur gaan aanbring. Daar sou nie 'n manier wees dat die Instrukteurs hierdie vernedering, nie op ons sou uithaal nie.

Vir die volgende 45 minute, het die Instrukteurs gesweet onder al RSM van Heerden se woede. Net soos wat hulle die minute afgetel het om op te hou met die "oppie" waarmee hulle besig was, net so goed het ons geweet dat ons minute ver is van 'n "oppie" van epiese proporsies!

Ons was nie verkeerd nie. Net nadat die Instrukteurs die "Uittreeeeee" van RSM van Heerden aangehoor het, is 1 Eskader, sonder seremonie, aangetree. RSM van Heerden het 'n groot dors gehad en is na die kant van die paradegrond waar die sjefs 'n houer met die een of ander sap, onder die bome op 'n lendelam tafel, staangemaak het.

Terwyl hy sy dors geles het, is ons van die een hoek van die paradegrond tot die ander gedril – alles in dubbelpas. Kyk, al was dit hel, was dit die moeite en elke druppel sweet werd! Ons het geweet, die Instrukteurs sou hulle frustrasie op ons uithaal, dit was 'n gegewe, maar die "oppie" wat hulle moes verduur, was 'n besprekingspunt in elkeen van die *bungalows* vir weke wat sou kom!

Ons het baie vinnig geleer hoe om die difilieer in kolonne opdrag te kon uitvoer – hiervoor het die Instrukteurs (veral gepor deur RSM van Heerden se voortdurende, "Moet ek julle weer aantree?") gesorg. Nie lank nie, of ons kon, nadat ons die parade voltooi het, op die pawiljoen gaan sit en toekyk hoedat 2 Eskader, die eerste groep Bruin vrywilligers, ook begin oefen het aan hulle parade. Dit was nogal besonders om die parade van hierdie kant te kon beskou.

Nie lank daarna nie, het ons begin om met die volle orkes te oefen. Daar was hier en daar nog 'n skaaf of twee nodig, maar oor die algemeen het ons – wel deur ons oë – baie goed gelyk! RSM van Heerden het op 'n stadium beveel dat ons saam met die orkes, die lied "Erika" moes fluit, soos ons van die paradegrond afstap. Dit het 'n ander dimensie gebring en 'n anderse atmosfeer geskep.

Tydens een van ons tye as toeskouers vir 2 Eskader se parade inoefening, het RSM van Heerden gevoel om vir hulle ook – wanneer "Erika" gespeel is, toe te laat om saam te fluit.

Sy bevel was egter die "oppie" oor ons daaropvolgende reaksie werd: "Die van julle wat voortande het, kan saam fluit....."

Jerry Steyn

Ek het in 1986 by die Weermag se Indiensnemingsentrum, sommer kortweg, Werwing genoem, begin werk. Ons kantore was in die ou Erica Meisieskool, baie Spartaans en is gedeel met vergunning van Donkin Regiment. Ons sou eers 'n jaar later, na die Middestad verhuis.

Ons het eintlik soos indringers gevoel in die Regiment se kantore. Aanvanklik sou ons net twee kantore beset, maar as gevolg van die groot nood in mannekrag, het ons werk en daarmee saam ons behoefte aan kantoorruimte, ook groter geword. Die Regiment het ons verdra en ons soms na hulle funksies genooi. Oor die algemeen, het ons 'n wonderlike verhouding met hulle gehad.

Ek het die eerste keer met Jerry Steyn en sy vriend, Marius Lubbe, te doen gekry net nadat ek by Werwing aangeland het. Hulle was alreeds geruime tyd by Donkin Regiment. Soos soveel ander, wat nie werk kon kry (of hou) nie, het hulle die een burgermagkamp na die ander gedoen. Ten minste het dit vir hulle 'n heenkome, 'n paar Rand en etes in die menasie beteken. (En 'n "bonus" wanneer SARS hulle ekstra belasting aan die einde van die belastingjaar terugbetaal het!)

Jerry was die uitgesproke een. Hy is altyd eers gehoor voordat hy gesien is. Ongelukkig was hy nie die toonbeeld van 'n militaris nie en moes daar verskeie kere met hom gepraat word oor sy dissipline (of eerder gebrek daaraan) en voorkoms. Hy sou aanmeld, geklee in sy *browns* maar, met plakkies aan sy voete. Daar was gereeld die een of ander verskoning: Sy voete is seer, hy het atleetvoete, hy het *gout* of net 'n verskoning wat gewoonlik te dik vir 'n Daalder was. (Maar om die een of ander rede, het hy altyd 'n mediese sertifikaat gehad om dit te staaf.)

Marius was die stil en ernstige een. Hy het as diensdrywer diens gedoen en ons soms gehelp om van ons rekrute na die siekeboeg te neem, sodat hulle die Staandemag se medies kon doen. Daar was nie 'n kans dat ons vir Jerry sou vra nie. Wie weet waar die rekrute sou eindig en of hy hulle nie dalk uit hulle oorweging om Staandemag te wou aansluit, sou uitpraat nie.....

Marius het eenmaal, onverwags vir my geglimlag. Dis toe dat ek gesien het dat hy nie tande het nie... "Wat het gebeur?" vra ek. Al wat hy kon uitkry, was "*Baseball bat...*" Ek wou eerder nie verder vra nie.

Dit was vir my ironies dat die twee sulke goeie vriende was, maar teenoorgesteldes trek mos aan. Marius het op 'n stadium vir my genoem dat hy in 'n Spesiale Skool was en dat hy 'n rowwe lewe gehad het. Hy het sy diensplig gedoen om weg te kom van die innerlike demone, maar kon na sy diensplig nie weer werk kry nie. "Niemand wil iemand uit 'n *Special* Skool, vat nie," het hy op 'n tyd gesê. "Die *Army* vra nie vrae nie en ek kan net kampe doen," het hy bygevoeg. Hy kon aansoek doen om Staandemag aan te sluit as Pionier, of hekweg, maar hy was meer geneë om sy "opsies oop te hou," wat dit ookal kon beteken.....

Ek het eendag in die loop na die toetslokaal, vir Jerry raakgeloop. "Kan ek aansoek doen vir PF[1]?" "Kom sien my later, dan gesels ons," het ek hom meegedeel, meer om van hom ontslae te raak, as om die gedagte te hê dat hy dalk iewers 'n pos in die Weermag sou kon kry.

'n Paar dae later, nadat ek alreeds van ons "ontmoeting" in die gang vergeet het, stap hy *non chalant* my kantoor binne met 'n aansoekvorm. Ek was verbaas dat hy dit wel ingevul het en was meer verbaas oor die volledigheid daarvan. "Ek sal daarna kyk en na jou terugkom oor 'n Psigometriese datum," is al wat ek kon sê. Hy het my lank aangekyk en toe net met 'n "*OK*" omgedraai en die kantoor verlaat.

Ek het later die dag sy aansoek deurgegaan. Die vorm was deeglik ingevul, die meeste van die stawende dokumente was aangeheg, maar wat my die meeste getref het, was die beëdigde verklaring aangaande sy werkrekord. Dit het begin met iets soos "Ek weet ek het alreeds 35 werke gehad en ek is nou maar 35 jaar oud, maar....."

Ek kon dit nie glo nie en het die verklaring verder gelees. Dit was soos 'n fiksie verhaal, maar ook werklik so, hy het 35 werke gehad sedert hy die skool verlaat het. Wat my meer verbaas het, was die eerlikheid van sy verklaring en die deeglikheid daarvan.

"Ontslaan omdat ek 'n geveg by die eindjaarfunksie begin het......"

"Ontslaan omdat ek 'n geveg ondergronds in die myn begin het....."

"Ontslaan omdat ek die baas 'n *&^%^ genoem het....."

Ontslaan omdat ek die werk se voertuig afgeskryf het, terwyl ek onder die invloed was......"

"Ontslaan omrede ek die Direkteur goed ge*&^%^& het....."

Hy het aansoek gedoen vir 'n pos binne die logistieke afdeling. Ek het nie kon indink dat hy enigsins aangestel sou kon word met sy rekord nie, maar het tog besluit om te kyk wat sou uitkom in sy Psigometriese evaluering.

Oudergewoonte, het Jerry weer teleurgestel. Hy het weer nie sy *boots* gedra nie, die keer was dit leersandale. "*Shin splints,*" het hy én die mediese sertifikaat gesê.... Sy hare het ook alreeds weer oor sy ore begin hang, hoe hy dit reggekry het om altyd onder die Regiment se radar te kon beweeg, het my verbaas, hulle dissipline was altyd van 'n hoë gehalte. Hy kon wegkom omdat hy kon....

Ons het nie meer net die standaard Senior Aanlegtoets (SAT) gebruik nie, maar ook die 16 PF toets en 'n vraelys, waarin onvoltooide sinne voltooi moes word. Hy het redelik goed gedoen met sy SAT en 16 PF, maar die onvoltooide sinne, was 'n ander storie.

Sy antwoorde was onder andere:

"Tussen jou en my...... die regering speel *footsie footsie* met die *Reds*....."

"Ek het.....geleef vir seks, drank, dwelms en *rock and roll*...."

"Ek is op my gelukkigste wanneer ....ek lekker dronk is...."

Die laaste vraag was die spreekwoordelike kersie op die koek:

"Vriende.....is baie moeilk om te maak..."

Dit het Dave, ons Burgermag Psigometris genoop om groot daaronder te skryf – "It's no damn wonder....."

'n Week later, nadat Jerry die brief ontvang het dat hy nie suksesvol was nie, het hy my kom groet. "Ek gaan maar terug myne toe, daar sal die een of ander pos wees vir my, hulle soek altyd iemand met ondervinding."

PM Nichols

Daar was soveel goeie herinneringe aan die SA Weermag, veral die net meer as vyf jaar wat ek by die SAW Indiensnemingsentrum werksaam was. Daar was ook soveel om voor dankbaar te wees; die Sentrum was in die Middestad, weg van die militêre opset, ons het die beste meubels en kantoorhulpmiddels gehad en ons het (veronderstel om) net die beste personeel daar gehad.

Elke oggend was egter 'n uitdaging. Wanneer ek die gebou (wat toe nog in 'n ou Meisieskool gehuisves was) betree het, het ek eers gekyk of Mev Pretorius se kar nie alreeds onder die boom geparkeer was nie. As dit was, het my moed tot op 'n laagtepunt gedaal. Ek het haar in die Algemene kantoor aangetref, waar sy alreeds agter die ou tikmasjien ingeskuif het en begin het om vanaf die proformas te tik. Die sigaret was, oudergewoonte, in die hoek van haar mond, die as het baie presies aan die sigaret gehang en haar oë was, soos gewoonlik, op skrefies getrek teen die brand van die rook in haar oë.

Die pakkie *Gauloises* het oop op die tafel gelê. Sy het die gewoonte gehad om die een sigaret met die ander aan te steek. 'n Newel het haar omring. Sy het opgekyk en net betyds die sigaret (baie behendig) met een beweging uit haar mond gepluk, die as afgeskud, teruggedruk in haar mond en 'n lang teug geneem. "Jy moet regtig kyk in die lêers hoe ons aansoeke hanteer." "Ek kan nie," sê ek. "Die lêers is VERTROULIK gemerk en ek het nog nie my klaring ontvang nie..." "Hoe gaan jy dan ooit weet hoe die aansoeke werk?" vra sy, terwyl sy haar oë nog kleiner skrefies trek.

Ek het besluit dat ek seker maar die onvermydelike sal moet betree, al wou ek nie die hele dag stink na rook terwyl ek met aansoekers te doen het nie. Ek stap na die eerste laai voor my en trek die ou staalkas se laai stadig uit. Die lêers is sorgvuldig alfabeties genommer en geliaseer volgens Weermagsdeel.

Mev Pretorius hoes weer onbedaard. "Jy moet regtig daaraan dink om op te hou rook," sê ek. "Dink net aan al die geld wat jy kan spaar." Sy antwoord my nie en steek 'n nuwe *Gauloises* op met die stompie van haar huidige sigaret.

Ek het een van die lêers uit die laai getrek en vinnig daardeur geblaai. "Daardie laai is vir die Leër" sê sy. Die lêers is baie meer noukeurig en presies saamgestel as wat ek gedink het. Elke lêer het 'n aansoekvorm, gevolg deur al die stawende persoonlike dokumente, dan die psigometriese evaluering, die Staandemag Medies en dan, of 'n brief aan die kandidaat (as die aansoek onsuksesvol was), of 'n sein aan Leër Hoofkwartier en laastens 'n posaanbod.

Die volgende laai lyk ook dieselfde, tog trek ek maar weer 'n lêer en blaai vlugtig daardeur. 'n Volgende en 'n daaropvolgende lêer lyk identies. "Hier is seker iets fout, al die lêers lyk presies dieselfde," sê ek.

Mev Pretrorius het opgekyk sonder om die as, wat alreeds weer baie delikaat aan die sigaret hang, te laat val. Sy maak haar oë nog kleiner skrefies om beter te kan sien tussen die rook newels. "O ja, dis PM Nichols se laai...." "Ekskuus, sy laai?" vra ek. "Ja, hy doen elke paar maande aansoek en het al vir elke moontlike pos aansoek gedoen. Julle *kopkrimpers*[2] keur hom aanhoudend af....." Sy hoes onheilspellend.

"Wanneer laas het hy aansoek gedoen?" vra ek. "Hy het laasweek weer kom aansoek doen vir die duikposte wat geadverteer was." Sy steek die volgende sigaret aan.... "Ben!" roep sy na ons Algemene Werker, "jy moet gaan *sigaretts* koop vir my"

Soos dit dan ook is, het PM Nichols die volgende week, 'n (versnelde) toetsdatum gekry, meer uit nood namens die Vloot, as genade van ons kant af, uit simpatie vir al sy vorige probeerslae.

Die psigometriese toetse het goed afgeloop, behalwe vir PM Nichols wat maar net nie heeltemal aan die vereiste *stanege* voldoen het nie. "Stuur enige aansoeker, ons kort duikers," het ek weer die woorde van Adjudant Murray gehoor. Hy was die vorige week by ons kantore om te kom voorbrand maak vir hulle kritiese tekort aan duikers. "As hy kan swem, sal ons die ander dinge later oorkom," was sy woorde.

"Waarom wil jy by die Vloot werk?" vra ek. "Dit was nog altyd my begeerte," sê hy, sonder om eers daaroor na te dink. "En al die ander poste waarvoor jy voorheen al aansoek gedoen het, was dit ook altyd jou begeerte?" Hy het verkies om nie te antwoord nie, maar het afgekyk na die vloer, terwyl hy skugter lag.

Ek het ook nie baie lank nagedink oor sy toetsing nie. AANBEVEEL MET VOORBEHOUD, skryf ek groot op die onderkant van die onderhoudsvorm. "Die Senior Aanlegtoetse is buitendien nie kultureel-sensitief nie," het ek myself probeer sus.....

Die fisiese duikkeuring sou oor twee weke in die Port Elizabeth hawe afgelê word. PM Nichols het net soos al die ander aansoekers, 'n telegram gekry om hom van die keuring te verwittig. Die aansoekers is ook meegedeel om goeie hardloopskoene, 'n swembroek en handdoek, saam te bring.

Ek het die voorreg gehad om die keuring by te woon. My eerste gedagte was – "eerder hulle as ek" toe ek die oggend saam met die aansoekers na die bruin E20-bussie loop. Dis 'n winderige en koel dag.

By die hawe aangekom, is al die aansoekers deur Adjudant Murray ontvang. (Hy was nog een van die laaste duikers wat destyds sy opleiding in Engeland, by die Royal Navy ontvang het.) Ek het baie respek vir hom gehad, selfs naby aan aftrede het hy nog baie respek afgedwing. Daar was ook twee duikers in die hawe om diegene behulpsaam te wees, wat moontlik in die moeilikheid sou kom.

Adjudant Murray het die instruksies, veral rondom veiligheid, aan die aansoekers uitgeblaf. "Ek soek nie na 'n Raad van Ondersoek as een van julle versuip nie!" Seker nie die bemoediging wat die aansoekers sou wou hoor nie.....

Ek het na die groep voor my gekyk. Hoeveel van hulle sou dit kon maak?

"As jy net enigsins twyfel, dan is dit NOU die tyd om te sê!" Geen van die rekrute reageer nie. Ek kan egter die spanning en vertwyfeling sien in sommige se oë. "Nou maar goed, is julle reg?" Adjudant Murray laat nie op hom wag nie, hy is taakgerig.

Die eerste groep het gereedgemaak.... Hulle moes op die kaai aantree en dan op Adjudant Murray se instruksie, vooruit stap, direk die water in. Die drie of wat meter se val na benede, moes seker nie die grootste vooruitsig vir hierdie rekrute gewees het nie, maar het in opsigself as 'n keuring gedien.

"Wanneer jy in die water is, moet jy dadelik na die oppervlak kom en jou REGTERHAND oplig om te wys dat jy in beheer is!" Ek kyk weer na die groep en is gespanne om hulle onthalwe....

Adjudant Murray het die fluitjie in sy mond gesit. "Frrrrrrp!" Die groep van 10, het soos een man van die kaai afgestap, die koue water, 3m laer, tegemoet.....

Een vir een het die rekrute na die oppervlak gekom. "Een, twee, drie....agt, nege...." Tel die Adjudant.... "Nommer Tien, waar is Nommer Tien?!" Ek kon die kommer in die Adjudant se stem hoor.... "Soek $%^&&", skreeu hy vir die twee duikers wat in die water wag....

Dit het gevoel soos 'n ewigheid, maar kon nie meer as 40 sekondes gewees het nie. Nommer Tien is opgespoor en haastig na die oppervlak gebring. Hy hoes onbedaard en spoeg aanhoudend monde vol seewater uit.... "Dis PM Nichols!......!"

Nadat hy op die kaai sit gemaak is, storm Adjudant Murray op hom af...... "Wat de ##$@% is dit met jou? Kan jy nie *&#$@& swem nie?"

"*Nei* man, ek het gedink *djulle* sou my ten minste eers leer........"

Nodeloos om te sê: Nadat ek 5 jaar later vanaf die Indiensnemingsentrum oorgeplaas is na die Mediese Kommandement, het PM Nichols se laai nog steeds al hoe groter geword......

Charné van Militêre Inligting

Ek was besig om aandagtig deur 'n paar Staandemag aansoeke te blaai, terwyl ek stadig aan die koffie drink wat Ben, ons Algemene Werker, so 'n paar minute gelede op my tafel kom neersit het.

Die telefoon onderbreek my konsentrasie. Dis Lizzy, ons ontvangsdame. "Kan jy asseblief na die ontvangs kom?" Dis ongehoord van haar om ons te pla indien dit nie absoluut noodsaaklik is nie. "Sekerlik," sê ek. Ek skuif die aansoeke op 'n netjieser hoop en stap vanwaar ek heel agter in die gebou sit, na die ontvangs. "Dis een van die lekker dinge van dié gebou," het ek eenmaal vir ons Bevelvoerder gesê. (Ons gebou is gedeeltelik ondergrond en vêr weg van die "normale" Weermag lewe.)

Lizzy sit met 'n glimlag op haar gesig, daardie tipe wat ek al voorheen gesien het wanneer sy sukkel om 'n lag-uitbarsting in te hou....

"Kan jy asseblief 'n onderhoud doen?" vra sy. Die frons op my gesig het haar seker vertel dat ek onkant gevang is. "Dis nie 'n geskeduleerde onderhoud nie" sê sy. "Die dame wil graag aansluit in die Staandemag..." "Goeie dag!" Ek steek my hand uit na haar. "My naam is Charné" sê sy en volg dit dadelik op "met 'n strepie op die E" – Lizzy se glimlag raak al hoe groter en ek weet dat as ek nie nou vir Charné (met die strepie op die E) na my kantoor neem nie, Lizzy gaan uitbars van die lag. Ek wens ek het geweet waarom Lizzy wou lag, dalk sal ek uitvind tydens die onderhoud, dalk eers wanneer Charné (met die strepie op die E) die kantoor sou verlaat.

Ek beduie haar waar my kantoor is en waar sy moet gaan sit. "Ek was alreeds vir 'n onderhoud by die *Kommandemasie*" sê sy. "Ekskuus, maar ek verstaan nie wat jy bedoel nie" sê ek. "Ek was by julle Hoofkantoor in Forest Hill, jy weet daar waar al die hoë sterre sit." "Jy bedoel seker Kommandement" sê ek. "Ja, daar waar die hoë sterre is." "O" dis al wat ek kan uitkry....

"Ek het die Hoof daar gesien, jy weet Kaptein Murphy." Ek probeer agter die kap van die byl kom, maar besef dat ek sal moet ligloop. Dit lyk asof hier baie meer aangaan. "Jy ken seker vir Kaptein Murphy?" vra sy. "Om die waarheid te sê, ek ken nie die Kaptein waarvan jy praat nie." Sy kyk my aan asof ek haar nie ernstig opneem nie. "Kaptein Murphy is die Hoof daar, hy het twee sterre op sy skouers, jy weet, soos in dit wat hoë range dra." "Twee sterre is 'n Luitenant en hy is beslis nie die Bevelvoerder of Hoof van die Basis nie," sê ek vinnig. "Hy werk vir Inligting, jy weet, dalk is hy so geheim dat niemand hom ken nie," antwoord sy byna onmiddelik.

"Kom ons begin van voor af," sê ek. "Jy sê dat jy alreeds daar vir 'n onderhoud was by Luitenant Murphy van Militêre Inligting." "Ja" sê sy vinnig, "en hy het 'n pos vir my. Hy het gesê ek moet net hierheen kom sodat julle my kan toets – dan moet julle my aansoek en my ID na Pretoria stuur, saam met 'n Pos- en afdelingsnommer." Sy kyk af na 'n gekreukelde blaadjie wat eens op 'n tyd dalk 'n hartjie vorm gehad het.

"Dis nie so eenvoudig nie. Jy sal eers die Psigometriese toetse kan doen wanneer ons weer 'n opening het," sê ek. "Majoor Murphy het gesê as julle my moeilikheid gee, moet ek hom net bel, dan sal hy julle uitsorteer," sê sy selfvoldaan.

"Luitenant Murphy sal ongelukkig nie iets aan ons skedules kan doen nie," sê ek. (Ons het juis 'n Lugmag Keurraad wat wag en is in die proses om letterlik deur honderde potensiële vakleerling-aansoekers te werk, dan is daar ook 'n Vlieënier Keurraad oor minder as 'n maand.)

"Ek sal by Lizzy uitvind wanneer ons weer 'n opening het, maar jy kan solank 'n aansoekvorm invul." Ek gee die vorm vir haar. Sy kyk teensinnig daarna en dan met afkeur na my. "Ek dink nie Kolonel Murphy gaan daarvan hou dat julle my so lank gaan laat wag nie." Ek byt maar net op my onderlip en maak 'n nota in my gedagtes dat ek hierdie Murphy moet ontmoet – die een wat in 'n kort onderhoud soveel bevordering gekry het.

"Kom ons gaan na Lizzy, dan hoor ons wanneer is daar weer 'n opening vir die Psigometriese evaluering." Ons stap na die Ontvangs, maar ek kan sien dat die jonge dame, (wat volgens haar nou net klaar is met haar Matriek rekordeksamen) nie baie gelukkig is nie.

"Lizzy, wanneer is die vogende opening vir 'n Nie-tegniese evaluering?" Lizzy kyk na my, nog steeds dik van die lag. Sy hoes kamstig en blaai stadig deur die bladsye van haar Staatsuitgawe dagboek. "Sy kan volgende Dinsdag kom," sê Lizzy. Sy kyk op en wag vir my om iets te sê. "Reg so met my," sê ek. Majoor Murphy gaan nie daarvan hou dat dit so lank gaan neem nie," sê Charné.

"Dis ongelukkig die vroegste tyd," sê Lizzy baie beslis. "Dan is dit volgende Dinsdag," sê ek. "Charné...." Sê Lizzy stadig terwyl sy dit in die dagboek inskryf. "Met 'n strepie op die E" sê Charné. "Maar natuurlik," sê Lizzy.

Sy kyk weer agterdogtig na ons. "Hoe lank sal dit neem voordat ek kan begin werk?" vra sy. "Na die evaluering is daar nog 'n Staandemag Medies ook, alvorens die aansoek na Leër Werwing in Pretoria gestuur kan word. Daarna sal dit ook natuurlik na Militêre Inligting moet gaan vir hulle goedkeuring. Maar, dit hang natuurlik af van hoe die evaluering en medies lyk," sê ek...

"Dit gaan mos nie moeilik wees nie, Kaptein Murphy het gesê dis net 'n *boring* ding wat gedoen móét word." "Laat ons maar eers wag vir Dinsdag," sê ek.

Nadat Charné (met 'n strepie op die E) die ontvangs verlaat het, bars Lizzy uit van die lag. "Ek het lanklaas so 'n voor-op-die-wa persoon in my lewe gesien! Sy dink wragtig dis net van opdaag om aangestel te kan word!" "Maar, sy hét darem 'n pos- en afdelingsnommer van die Bevelvoerder gekry....," sê ek.... Beide van ons bars uit van die lag. In my binneste wonder ek ......

Dis Dinsdag, skraps na 8, toe Charné (met 'n strepie op die E) by die ontvangs opdaag. Ek verstik amper in my koffie wat ek nou net van Ben ontvang het. Kyk, as sy dié klere, wat sy nou aanhet, in die winter nog het, sal dit net goed genoeg wees vir 'n boekmerkie. Alles wat kon bult en uithang, is met sorg tot op die rand van oorlopens toe gebring. Haar grimering is oordadig en haar oormaat parfuum laat my byna verstik. Hierdie gaan nie 'n maklike evaluering wees nie, dit weet ek!

Die groepevaluering; die Senior Aanlegtoets en die 16-PF toetse, het sonder voorval verloop. Na die evaluering, is al die potensiële rekrute in 'n wagkamer sit gemaak, sodat die evaluerings met die nodige maskers gemerk kon word. Oudergewoonte, het ek my nie aan die name op die evaluering gesteur nie, maar dit net – as 'n gewoonte gemerk.

Die eerste paar toetse se merk, was sonder veel toeval. Op elk van die 3 groepe van evaluering, het almal skaflik gevaar. Die een waarmee ek egter op daardie oomblik besig was, het my onkant gevang. Die drie onderskeie *stanege* was baie laag: 3, 3 en 2 onderskeidelik. Ek het die antwoordstel omgedraai en na die naam gekyk – eintlik moes ek kon raai – Charné (met die strepie op die E) het glad nie goed gevaar nie! Op die punte alleen, kon ek genoeg rede vind om haar af te keur. "Dalk moet ek haar weer 'n geleentheid gee om 'n onderhoud met haar te hê."

Sy het, nadat ek haar gaan roep het in die wagkamer, my kantoor baie verergd binne gestap en haar handsak met mening op die oop stoel langs haar stoel neergegooi. Ek het gemaak asof ek dit nie agterkom nie en my aandag op die vorms voor my gefokus. Nodeloos om te sê, maar die onderhoud het nie baie goed afgeloop nie. Sy het niks van die Inligtingsveld geweet nie – wat verskoonbaar is, maar, sy het ook net aanhou sê dat sy 'n pos het en dat ek nou moet klaarmaak om haar tyd te mors....

Nadat sy uitgestap het, het ek lank na haar dokumente gekyk. "Wat maak dat so 'n jong dame so optree?" Op die vorm het ek groot, "*NOT RECOMMENDED*" geskryf – en sodoende 'n stok voor haar Inligtingplanne gesteek.

Woensdagoggend, net na tien, lui my kantoortelefoon. Dis Lizzy. "Luitenant Murphy van Inligting vir jou..." Die foon klik eenmaal...... "Goeiemôre," sê ek. "Môre," hoor ek hom sê. "Wanneer sal Charné kan begin werk?" vra hy. "Dis nie so eenvoudig nie, sy het dit ongelukkig nie gemaak met die Psigometriese toets nie," sê ek. "Dis onmoontlik!" sê hy. "Sy is nie mal nie, waarom het jy haar afgekeur?" "Dit, mag ek ongelukkig nie vir jou sê nie," sê ek. "Luister nou mooi vir my, ek het 'n pos vir haar, daar is 'n pos en afdelingsnommer, maak 'n plan!" "Ek is jammer Luitenant, sê ek, maar daar is niks wat ek nou meer kan doen nie. Sy is egter weer welkom om oor ses maande aansoek te doen, volgens psigometriese beleid."

"Moet ek dan jou Bevelvoerder bel?" skree hy. "Jy kan enige tyd skakel, maar my aanbeveling sal nie verander nie. Ek dink ook jy verstaan nie hoe die Weermag se aanstellingsbeleid werk nie. Al is daar 'n pos, geld die beleid (die beste persoon vir die pos) bo enige persoonlike voorkeure. Terloops, daar is 'n paar goeie kandidate wat aansoek gedoen het, waarna jy ook kan kyk."

"Dit gaan en sal nie werk nie..... Ek het haar die pos belowe. Wat dink jy gaan sy nou dink as ek vir haar sê dat sy nie die aanstelling gaan kry nie, dit was in elk geval net formaliteit om die aanstelling deur te kry."

"Dalk moes jy nie belowe het voor die psigometrie afgehandel is nie..."

"Jy moet my help," hy begin stadiger en sagter praat...... "Ek is 'n getroude man....." "Wat het dit met haar moontlike aanstelling te doen?" vra ek.

"Ons het 'n verhouding, ek het haar 'n pos belowe...." "Jy is in die moeilikheid," sê ek....

"Sy het gedreig dat sy my vrou gaan vertel as sy nie aangestel word nie."

Hy het die foon na 'n paar minute neergesit. Hy het verslae geklink, asof hy sy hele wêreld op hom voel intuimel het.

'n Week later ontvang ek die Staandemag Mediese evaulerings van die rekrute, wat die vorige week psigometries getoets is. Die boonste een val my op.... Charné....... Heel onder is Kolonel Froneman se bekende handtekening en bo dit: "MEDICALLY UNFIT." Ek verstik amper in my koffie.... βHCG = Positief..... Charné (met die strepie op die E) gaan 'n mamma word.....

Ek het jare daarna weer vir Lionel Murphy gesien. Hy het heelwat ouer gelyk as wat hy was. Hy was noukeurig besig om die rakke van die Spar in Walmer te pak. Sy ringvinger was kaal.....

Kaptein du Plessis

Tydens die tyd wat ek by Werwing werksaam was, het ons nie net met Staandemag aansoeke te doen gehad nie. Soms was daar gevalle waarin ons meer tyd in berading as beroepsvoorligting spandeer het, soms om persone te help om kampe as Burgermaglid te doen en soms om Diensplig aanmelddatums te probeer wysig.

Lizzy, ons ontvangsdame en tikster, het my eendag geskakel. "Kan jy gou na Ontvangs kom?" "Ek is nou daar," sê ek sonder om verder te dink. Na jare se ondervinding om mense te evalueer – nie ten opsigte van hulle psigometrie nie – maar ook net tydens die eerste ontmoeting, het ek 'n redelike akkurate evalueerder van menslike gedrag geword.

Toe ek die Ontvangs binnestap, sien ek die jong man wat voor die lessenaar staan en met Lizzy gesels. Met my eerste opslag, het ek hom opgesom as 'n leier. Hy het iets in hom gehad wat hom laat uitstaan het. Lizzy het my voorgestel – "Dis Martin Marx, hy wil graag sy Diensplig datum laat verander. Sal jy hom dalk kan help?" Ek het gewonder waarom Lizzy nou juis vir my gevra het, maar ingewillig en vir Martin na my kantoor, wat heelagter in die gebou was, genooi.

"Waarom wil jy nou jou aanmelddatum verander?" Hy het dadelik geantwoord. Ek kon sien hy was opreg in sy antwoord. "Ek is vir Julie opgeroep, aangesien ek in Februarie Universiteit toe sou gaan, ek sou dan bewyse moes stuur om dit weer uit te stel, maar ek kan nie meer Universiteit toe gaan nie." Ek het hom nie dadelik geantwoord nie, maar sy rapporte vanaf Standerd 8 tot die eerste kwartaal van Matriek vinnig deurgelees. Baie goeie punte. Martin was Hoofseun en Eerste Span rugbykaptein.

"Jy sê jy kan nie meer Universiteit toe gaan nie..." Dit is eerder 'n stelling as 'n vraag. "Jy het baie goed gedoen en ek kan nie glo dat jy nie 'n beurs met jou punte en leierskap kon losslaan nie. Ek sien die rekordeksamen het 'n bietjie sleg gegaan....?"

"Ja," dis al wat hy uitkry. "Na my Junie uitslae, het die instansie wat my 'n beurs om in ingenieurswese te studeer, hulle aanbod teruggetrek." "Dis waarom jy elke eksamen jou beste moet gee," sê ek vinnig, sonder om regtig daaroor te dink.

"Ek verstaan en daarom glo ek, dat ek, wel, so goed gevaar het as wat ek kon....." "Waarom het jy dan so sleg gevaar, vergeleke met jou ander kwartale, jy moes weet dat die rekordeksamen 'n bepalende faktor is."

"My ma is twee dae voor die rekordeksamen dood in 'n motorongeluk....." Ek het my kop in skaamte laat sak.....

"Ek sal my bes probeer om jou datum te laat verander." Hy het dankie gesê en die kantoor verlaat.

Dis toe dat my soektog begin het. Waar begin 'n mens om iemand met 'n ontvanklike oor te kry? Ek het verwag dat dit 'n stryd sou wees, maar was verbaas toe almal my na Kaptein du Plessis verwys het. Ek het 'n idee gehad dat dit dalk die een of ander bemagtigde persoon sou wees wat nie 'n saak met dienspligtiges sou hê nie. Wat ek ondervind het, was heeltemal die teenoorgestelde. Daar was nog militariste wat ook nog mens was.... Kaptein du Plessis is toe, soos ek met 'n skok uitvind, 'n dame.....

Nadat ek haar die volle hartseer verhaal vertel het, het sy saggies, byna onhoorbaar, gehoes. "Ek sal hom help. Jy kan hom laat weet dat hy binne die volgende week of twee, sy nuwe instruksies sou ontvang." "Baie dankie, Kaptein."

Martin was baie dankbaar toe ek hom later die middag verwittig het. "Ek wens ek kon meer doen." sê ek.

Ek het daarna heeltemal vergeet van Martin.

Ongeveer 8 maande later skakel Lizzy my. Sy vra of ek weer na die ontvangslokaal kan kom. Toe ek daar aankom, sien ek 'n bekende gesig, maar kon hom nie dadelik plaas nie. "Martin wil weet of hy jou gou kan sien," sê Lizzy. Dit is toe dat ek onthou wie hy is. Hy het egter 'n totale metamorfose ondergaan. Wat hier voor my gestaan het, was heeltemal anders as die skoolseun van 8 maande gelede. Hy was geklee in sy *Browns.* Wat my egter opgeval het, was die stel *pips* op sy skouers. "Goeie genugtig, Luitenant! Wat het die Weermag met jou aangevang? Volg my asseblief."

Ons het na my kantoor gestap. Hy het nog steeds gewag totdat ek hom aansê om te sit voor hy praat. "Ek wil net baie dankie kom sê het. Ek weet nie wat jy gedoen het om my só te help nie, maar baie dankie!"

Deur die verloop van ons gesprek, het ek byna van my stoel afgeval. Hy het toe wel ander oproepinstruksies gekry, nie meer na 8 SAI nie, maar na Genieskool. Nadat hy daar aangemeld het, is hy direk oorgeplaas na die gegradueerde groep en het hy ná basies, sy offisiersopleiding gedoen. Hy het genoem dat daar dalk 'n misverstand kon wees, dat die "Weermag" hom dalk verkeerd geplaas het. Hy is blykbaar aangesien as 'n gegradueerde en daarom is hy in die leiergroep ingedeel.

Hy wou weer dankie sê – ook dankie dat ek hom gehelp het om na die Genieskool te kon gaan (hy wou mos ingenieur word) en tweedens dat hy ook op die offisiersopleiding kon gaan. Ek erken toe dat ek niks daarmee te doen gehad het nie.

Hy noem toe dat hy ook aansoek gedoen het om Staandemag aan te sluit en om verder te studeer en dat beide goedgekeur is. Weer wil hy net dankie sê....

"Ek het niks daarmee te doen nie, ek wens ek het."

"Ek weet nie hoe dit gebeur het nie, maar weereens, baie dankie!" Ek kon die trane in sy oë sien. Voor ek ook nog emosioneel kon raak, staan ek op en loop saam met hom na die ontvangslokaal.

Nadat ek weer in my kantoor gekom het, het ek 'n rukkie gesit en nadink. Ek het die telefoon opgetel en geskakel. "Kaptein du Plessis, goeie middag!" hoor ek aan die ander kant.

"Middag Kaptein, ons het 'n paar maande gelede gesels oor 'n seun wat sy ma verloor het en wat sy aanmelddatum wou verander. Ek weet nie of jy nog kan onthou nie?" vra ek.

"Was dit die oukie wat 'n ingenieur wou word?" vra sy dadelik. "Jy onthou goed, Kaptein, Martin Marx om presies te wees. Het jy hom na Genieskool laat oproep en dan nog saam met die gegradueerdes?"

"Ek onthou die geval, ja." Sy hoes weer byna onhoorbaar voor sy verder praat. "Die oukie verdien 'n bietjie guns, hy is deur genoeg seer in sy lewe....."

Sersant Lida Marais

Die SAW Indiensnemingsentrum se doel was om geskikte mannekrag vir aanwending in die onderskeie Weermagsdele van die Weermag te werf, te keur en te plaas. Dit het ingesluit die werwing van skool- en universiteitsverlaters, aansoekers uit die privaatsektor en ook inter-departementele oorplasings.

Vir aansoeke vanuit ander Staatsdepartemente, was dit nodig dat aansoekers van 'n onderhandelingsbrief van hul huidige department, voorsien moes word. Daar was veral gereeld oorplasings vanaf die Departement van Binnelandse Sake, terwyl oorplasings vanuit ander Magte – hetsy die SAP of Gevangenisdiens, redelik beperk was.

Sersant Lida Marais was in die laaste kategorie. Ek het haar die eerste keer ontmoet toe sy vir 'n geskeduleerde onderhoud opgedaag het. Sy was 'n sprankelende mensie met 'n dryf, iets wat ons nie gewoonlik van iemand van haar ouderdom verwag het nie. Sy het genoem dat sy nuwe uitdagings soek en nuwe horisonne wou verken – vandaar 'n aansoek om by die SA Lugmag en spesifiek die Inligtingsafdeling aan te sluit.

Tot op daardie stadium, is haar werk by Louis le Grange-plein in Port Elizabeth, aan vele SA Polisie dissiplines blootgestel. Dit was egter eie aan haar – wat ek kon bepaal met die eerste oogopslag – soeke na die meer van die lewe. Sy het navorsing gedoen oor Inligting, selfs onderhoude gevoer met 'n paar persone by die destydse Lugmagbasis Port Elizabeth. Dit was nogal aangenaam om vir 'n geleentheid, darem iemand te hê wat nie net werk soek nie, maar gesoek het na 'n beroep!

Ek kon nie fout vind met haar onderhoud nie. Al haar dokumente was logies agteraan die aansoekvorm vasgemaak, netjies gesertifiseer en het ook, ongewoon vir daardie tyd, ál die nodige stawende dokumente, ook die onderhandelingsbrief van die SAP ingesluit. Hierdie sou, afhangend van die Psigometrie, Medies en Keurrad, een van die "makliker" aansoeke wees om te hanteer.

Ons het na die ontvangs geloop en 'n Psigometriese evaluering geskeduleer. Sy was aangenaam verras dat dit oor drie dae sou wees. (Ons het 'n Lugmag Keurraad beplan vir drie weke later wat haar spoedige evaluering genoodsaak het.) Indien dit later sou wees, sou sy die Keurraad mis, wat dan sou beteken dat sy eers weer oor drie of vier maande voor 'n Keurraad sou kon verskyn.

Sy het opgedaag en spontaan met die mede-kandidate van die dag se keuring gesels. Ek kon sien dat sy 'n sosiale vlinder was, wat sekerlik haar (potensiële) werk by Inligting sou pas. Haar evaluering het baie goed gegaan, sy het nie net hoë punte op die toetse behaal nie, haar onderhoud het ook baie goed afgeloop.

'n Week later is haar medies ontvang. Sy was G1K1 geklassifiseer – ten volle medies geskik vir aanstelling in die Staandemag. Al wat tussen haar en die Lugmag gestaan het, was die Keurraad wat oor 'n week sou plaasvind.

Sy het onberispelik betyds opgedaag vir die Keurraad en gewag vir haar beurt om agter die geslote deure, haar Lugmag toekoms tegemoet te kon ingaan. Haar onderhoud voor die volle Keurrad was soos 'n vars bries. Sy het die vrae met gemak hanteer en met haar borrelende geaardheid, die Keurraad beïndruk. Nadat sy die vertrek verlaat het, het Kolonel van Zyl opgemerk dat sy lanklaas so 'n aangename persoon, wat uitgeknip is vir die posisie waarvoor sy aansoek gedoen het, ontmoet het.

Lida se aansoek is ten sterkste aanbeveel. Kolonel van Zyl het genoem van 'n paar basisse waar sy aangestel sou kon word, sy het selfs genoem dat sy Lida by haar by Lugmag Hoofkwartier (HK) sou wou aanstel. Ten einde die finale plasing te doen, sou die Keurraad weer in Pretoria moes saamkom en met die verskeie Direkteure moes gesels. Ons het geweet dat, gemeet aan die Lugmag se etiek, dit nie langer as 'n maand behoort te wees alvorens ons die aanstellings sou kon kry nie. Vandaar moes ons reël vir attestasie en oorplasing (met vervoer –

gewoonlik 'n Eerste Klas Treinkaartjie – met beddegoed) na die nuwe standplaas.

In Lida se geval was die moontlikheid ook dat die Departementele oorplasing, 'n paar ander uitdagings sou lewer. Ek was egter verbaas toe ek twee weke later, 'n Sein van Lugmag HK ontvang het dat Lida se aanstelling goedgekeur is en dat sy inter-departementeel oorgeplaas is. Ek moes net wag vir die SAP om haar in kennis te stel, wat hulle wel twee dae later gedoen het. Lida het my vroeg geskakel en van die "goeie nuus" vertel waarvan sy toe pas gehoor het. Ek kon hoor sy was in ekstase. Ons het gereël dat sy, op die 1ste van die volgende maand, sou attesteer.

Sy het vroeg die oggend aangemeld by die Indiensnemingsentrum. Ek het haar byna nie herken met haar siviele klere aan nie. (Voorheen het sy elke keer uniform gedra, selfs uittstapdrag tydens die Keurraad).

Die hele attestasieproses het skaars 'n uur geneem. Ek het haar reiswyser ingevul. Sy sou die volgende dag by TVOS in Bredasdorp aanmeld. 'n Buskaartjie is uitgereik sodat sy die aand teen 19:00, na Bredasdorp sou kon vertrek. Ons het gegroet. Sy het gesê sy sou ons skakel sodra sy by TVOS aangekom het.

'n Sein is net daarna gestuur na TVOS, ter info SALM HK, waarin die attestasie bevestig is, aanmelding bevestig is, sowel as tyd van aankoms sodat sy afgehaal kon word by die stasie.

Soos dit maar is, raak ons mos maar elkeen besig met ons daaglikse werk en dink ons nie aan ander se reisplanne nie. Dit sou twee dae later tot my deurdring toe Lizzy, ons ontvangsdame, my skakel. "Hier is 'n *Sammajoor* Pieterse op die lyn oor Sersant Marais." Ek het nie dadelik aan Lida gedink nie, aangesien Lizzy nie gesê het waarvandaan *Sammajoor* Pieterse geskakel het nie, maar die oproep geneem.

"Goeie dag!" sê ek. "Môre, *Sammajoor* Pieterse van TVOS hier." "Waarmee kan ek help?" vra ek. "Is jy bewus van die attestasie van Sersant Lida Marais?" "Ja," sê ek. "Hoe het sy ingeburger daar by julle?" vra ek. "Daar was 'n ongeluk..." *Sammajoor* Pieterse klink geïrriteerd.

"Hoe moes sy hierheen reis?" "Sy het 'n buskaartjie gekry. Sy sou met die Translux vertrek, eergisteraand 19:00. Wat is fout?" vra ek. "Sy het nooit hier opgedaag nie," sê hy. "Bedoel jy dat daar iets fout is met die bus?" vra ek met 'n hoop in my.

"Nee, sy was nie op die bus nie. Ons het uitgegaan om haar by die stasie op Swellendam te gaan haal, maar toe die bus weer vertrek, het ons geweet daar is fout." sê *Sammajoor* Pieterse. "Waarom skakel jy dan vandag eers?" "Ons het gister net na 12:00 'n oproep van die SAP op Heidelberg ontvang. Die dame en haar metgesel was in 'n kop-teen-kop botsing. Sy en haar metgesel is oorgeplaas na die hospitaal in Mosselbaai. Hulle het deur haar handsak gegaan en gesien dat sy by die Lugmag moes wees. Hulle het ons toe geskakel om te hoor wat ons gaan doen."

Ek het yskoud geword. "Wat is haar toestand?" *Sammajoor* Pieterse het lank stilgebly. "Hulle het gesê dat sy 'n baie klein kans het. Ons het 'n uur gelede gehoor dat sy oorlede is....."

Ek het gevoel hoe ek emosioneel word en die op-en-wakker meisie met die sprankelende geaardheid nog voor my gesien. Dit was dan skaars 48 uur gelede dat sy geattesteer is – hier in my kantoor.

"Het julle al die ouers laat weet?" "Ja," sê hy. "Die hartseer eindig nie hier nie. Die man wat saam met haar was, sal nooit weer 'n normale lewe hê nie. Die dokters sê hy sal vegetatief wees.

Ek kon nie eers probeer dink watter tragedie dit vir haar en sy gesin sou wees nie. Twee gesinne is immers op so 'n tragiese manier van hulle geliefdes ontneem – hetsy die dood, of as gevolg van liggamsfunksie.

"Dis nie al nie," sê Sammajoor Pieterse. Ons het vasgestel dat die man wat saam met haar was, getroud was en volgens sy vrou in Pretoria, met 'n kursus sou wees. Die twee het mekaar glo al maande gesien – ek weet nie of sy bewus was, dat hy getroud was nie......."

Vreeslik

My dienstyd by die Weermag se Indiensnemingsentrum, was 'n wonderlike leerskool. Nie net ten opsigte van professionele groei nie, maar ook ten opsigte van mensekennis. Ek het met verskeie mense te doen gekry – sommige het 'n spoor in my hart gelos en sommige sou ek nie sommer weer wou sien nie. Daar was hartseer verhale – 'n Matrikulant wat natgesweet en kaalvoet by ons kantoor ingestap het, op soek na werk, nadat haar ouers haar aangesê het om nie eers daaraan te dink om huis toe te kom as sy nie werk gekry het nie – tot diegene wat titels, name of persoonlike situasies misbruik het om spesiale behandeling te probeer verkry.

Ek het soms gesien, hoe deur 'n eenvoudige stap van medemenslikheid, 'n lewe verander is. Soms was dit ook nodig om meer ferm te wees.

Lizzy, ons ontvangsdame, het my op 'n dag versoek om na die ontvangslokaal te kom. Ek het geweet dat, as dit nie 'n geskeduleerde afspraak was nie, dit gewoonlik 'n probleem-geval was. Hierdie keer was dit laasgenoemde en sy naam was, Rick Venter....

Met my aankoms in die ontvangslokaal, sien ek vir Rick waar hy teen die muur lê en met die regterarm, 'n klein meisietjie so styf vashou, dat ek gedink het hy sou haar middeldeur druk. Voor ek iets kon sê, val hy met die deur in die huis. "*Howzit Chop*, ek wil met iemand praat wat my *Army call-up* kan *change*." Ek het na Lizzy gekyk, maar sy het net voor haar uitgestaar en niks gesê nie. Hierdie sou weer een van dáárdie gevalle wees.

"Stap saam na my kantoor asseblief," sê ek. Ek sien dat die meisie saamgesleep word. Die uitdrukking op haar gesig, het boekdele gespreek. "Ek sal jou alleen moet sien, dis beleid," voeg ek gou by. Hy laat sak sy arm. Die meisie lyk verlig en kyk na my. Dis asof daar 'n groot las van haar skouers afgeval het. (Nie net fisies nie.)

Hy het voor my ingestap en in die naaste stoel neergeval. Ek moes oor sy uitgestrekte bene klim om by my lessenaar en stoel uit te kom. Wat my opgeval – en grensloos geïrriteer het – was dat hy nie 'n poging aangewend het om sy bene terug te trek, of regop te sit nie.

Voor ek kan begin praat, val hy weg: "Jy sien, dis *like*, ek het 'n *call-up* gekry vir Grahamstad. Ek het 'n *issue* daarmee, julle sal dit moet *change*." "Hierdie gaan 'n baie interessante onderhoud wees," dink ek. "Waarom wil jy dit verander?" vra ek. "Ek *scheem* dis *obvious*, ek meen, ek *squat* hier in PE by my ouers en julle stuur my Grahamstad toe!" "Wat is die probleem met Grahamstad, dis maar 'n uur se ry van PE af?" sê/vra ek.

"Die *issue* is, julle moet 'n man mos in gedagte hou voor julle sommer net 'n man gaan staan en *allocate*. Ek meen, ek het 'n helse *problem* daarmee. Ek en Tanja is nou skaars 'n maand 'n *item* en nou wil julle hê ek moet haar hier los en my Grahamstad toe stuur!"

"Ek neem aan Tanja is die meisie wat hier buite wag vir jou?" "*Jis*, einste! Ek het gedink, daar moet ander ysters ook wees wat dieselfde *issue* het, ek meen, hier is mos 'n *base* in Forest Hill, waarom kan ek nie my *call-ups* daarheen laat *change* nie?"

"Die basis in Forest Hilll is nie 'n opleidingsbasis nie," sê ek. Hy kyk my afkeurend aan. "*OK*, as julle dan so wíl wees – ek meen – daar is mos Algoa Opleidingsbasis. Ek het so bietjie uitgevind...."

Ek voel hoe die militaris in my na vore kom, maar ek weet ook dat ek myself sal moet beteuel. Rick Venter is immers nog 'n siviele persoon.....

"Ek het *gescheme* dat ek in die oggend by die Algoa *Base* kan *report*, dan doen ek die *training* en dan gaan ek weer huis toe sodra ek klaar is. Jy weet, Tanja is 'n *hot cherry* en ek wil haar nie net so op haar eie los nie. Ek *scheme* ek kan haar darem nog in die aande *entertain*. Ek wil nie hê dat sy vir 'n *Dear Danny* brief stuur na 'n maand nie!"

"Dis 'n *Dear Johnny*" sê ek.

"Besef jy dat die Weermag nie elke indivduele versoek of situasie kan goedkeur nie? Die Weermag is 'n plek van dissipline, waarin ons almal maar moet verlief neem. Ons kan nie vir die Weermag dikteer nie." Ek probeer om baie diplomaties te wees, maar ek kan die geïrriteerdheid in my eie stem hoor.

"*Scheme* jy nie daar is ander wat ook so ge-*accommodate* kan word nie? My neef is ook in die *Army*, as jy my nie kan help nie, sal ek vir hom moet vra en dan vir hom moet sê dat ek *issues* met julle gehad het."

"Is daar nog iets?" vra ek. "Nee, kry net die papiere sodat ek kan aanmeld vir my *Service*."

"Ek ken iemand by Nasionale Diensplig in Pretoria, ek kan niks belowe nie, maar ek sal kyk wat ek kan doen." Hy kyk my net aan. "Hoe lank *scheme* jy gaan dit vat?" Dit behoort nie lank te neem nie, my kontak daar is baie vinnig, dus kan ek dink dat jy binne die volgende drie of vier weke jou veranderde oproepinstruksies gaan kry."

"Dis wat ek wil hoor!" sê Rick.

Ek stap weer saam met hom na die ontvangs. Hy kyk na Tanja en sê dan "Jou *hero* is terug, kom laat ons waai."

Ek kyk hulle agterna, terwyl hulle na die deur loop. Tanja kyk vinnig oor haar skouer, terug na my. Dis asof ek 'n noodkreet in haar oë kan sien.

Voordat ek na my kantoor terugloop, maak ek oogkontak met Lizzy. "Die *%^#$" sê sy.

In my kantoor neem ek sy onderhoudsvorm in my hande. Sy volle name, geboortedatum, ID nommer, adres, ja, dit is alles ingevul. Hierdie dag gaan veel interessanter word.....

Die bekende stem aan die anderkant van die telefoon antwoord soos gewoonlik na die derde lui. "Kaptein du Plessis, goeie middag."

Nadat ons 'n minuut of wat gesels het, vra sy, "Waarmee kan ek jou vandag help?"

"Ek het 'n interessante onderhoud gehad vanmiddag," sê ek. Nadat ek haar ingelig het oor Rick se versoek, bly sy eers 'n paar oomblikke stil. "Jy sê hy is opgeroep vir 6 SAI in Grahamstad en hy het 'n probleem daarmee?"

"Ja, Kaptein. Hy voel dat hy spesiale behandeling moet kry om te verhoed dat Tanja vir hom gaan afsê."

"Jy sê dit lyk of die meisietjie effe benoud met die karakter is."

"Ja, Kaptein."

"Dan sal ons seker maar ernstig na sy versoek moet kyk, jy weet, om sy liefdeslewe se ontwil. Hoe vêr sê jy nou weer is Grahamstad van PE af?"

"Sowat 120 km, Kaptein."

"Ek het vanoggend juis na ons nuutste tabelle gekyk. Ons is maar yl gesaai by sommige Infanterie Batteljonne. Ek glo dat 6 SAI, sonder die Rick vent sal kan klaarkom. Hy sal die seelug baie geniet en sommer voel hy is in Port Elizabeth wanneer hy aanmeld by 2 SAI, in Walvisbaai........"

Kortdiens

Die Weermag het in die laat 80's, 'n groot behoefte aan leiergroep-elemente gehad. Ons, by die Indiensnemingsentrums, moes alles in ons vermoëns doen om die Diensplig-leiergroep te oortuig om Kortdiens aan te sluit. Makliker gesê as gedaan, aangesien toe die behoefte geïdentifiseer is, die meeste dienspligtiges alreeds die NAAFI[3]-houding van die komende uitklaar, openbaar het!

Ons is toe meegedeel dat daar vir die leiergroep, 'n Werwingsbonus en bonus na afloop van hulle kontrak, aan suksesvolle kandidate uitbetaal sou word. Dít het hulle in groot getalle by die Indiensnemingsentrum laat opdaag – die NAAFI-houding, nou vinnig iets van die verlede. Ek glo die meeste van hulle wou die geld hê, in stede daarvan dat hulle harte daarin was. (Die realiteit, waarvan ons nie in kennis gestel is nie, is dat daar 'n 25% belasting daarop was, iets wat óns moes hanteer na die eerste soldy inbetaal is!)

Die behoefte van die Weermag het egter 'n enorme las op ons vermoëns, om Psigometrie te doen, geplaas. Byna elke toetsing wat plaasgevind het, was vir Kortdiens. Ons moes soek, voorsien, toets en dan sou die Keurraad die finale besluit neem. Ten einde die toeloop te kon hanteer, het ons nog 'n Dienslig Psigometris gekry. Op 'n koue, tipiese winderige dag in Port Elizabeth, het 2e Luitenant Jacques Grobler, by ons kantoor opgedaag.

Op 'n spesifieke Maandag, ongeveer twee weke voor die Keurraad sou plaasvind, het Luitenant Josh Struwig, vir die psigometriese evaluering opgedaag. Dit het my opgeval dat hy nie op sy beste was nie. Hy het beslis nie die oggend geskeer nie en sy oë het die padkaarte van 'n jolige naweek openbaar. Wanneer hy té naby aan jou verbyloop, kon jy ook die stank van ou drank aan hom ruik. Ek het gewonder hoe hy die dag sou kon wakker bly en of die gewaarborgde kopseer, nie dalk sy uitslae sou beïnvloed nie.

2e Luitenant Jacques Grobler het die eer gehad om na die toetsbattery, die onderhoud met Josh te hê. Aangesien beide Dienspligtiges was, het Josh – teen sy voordeel – meer oopgemaak, as wat hy moes. Jacques het hom na die tyd aangehaal: "Dit was 'n rowwe naweek. Ons het Vrydag na werk na die Offisiere-menasie gegaan en gedrink tot die deure gesluit is. Vandaar is ons Barney's toe – en toe hulle toemaak, het ons ander pubs gaan soek. Saterdag het ons aangehou waar ons Vrydag geëindig het....." In oorskou – Hulle het soos visse gedrink!

Ek het die voorreg gehad om die Keurraad by te woon wat deur Kolonel Daan van den Berg, van Leër HK gelei is. Ek het teen daardie tyd verskeie Keurrade bygewoon, maar niks kon my voorberei op die manier waarop Kolonel van den Berg dit gedoen het nie. Hy was 'n meester met waarmee hy besig was.

Ons het 'n roetine gevolg: Die kandidaat se lêer sou aan Kolonel van den Berg oorhandig word. Daarna sou die kandidaat se motivering voorgelees word, gevolg deur sy medies en daarna sy psigometrie. Kolonel van den Berg sou dan vrae vra aan die psigometris, indien nodig. Ek is daarna aangesê om die kandidaat in te roep.

Die eerste kandidaat wat ingestap het, was Luitenant Strydom, van Onderhoudseenheid. Hy het netjies gehalt in die deur van die lokaal, sy beste saluut ten toon gestel en gewag vir Kolonel van den Berg om hom in te nooi en aan te sê om in die stoel, wat voor die Keurraad tafel was, te gaan sit. Dit was asof alles maar net weer 'n gewone Keurraad sou wees, so normaal soos al die voriges en so voorspelbaar ook.

Nadat Luitenant Strydom, sonder veel seremonie en voorval verskoon is, moes ek die volgende kandidaat roep. Ek het uitgegaan om Luitenant de Kock van Groep 39, te gaan roep. Luitenant Strydom was in 'n gesprek met die ander kandidate: "Dit was *peanuts*, ek het erger verwag...."

Luitenant de Kock het in die deur gehalt en gewag dat Kolonel van den Berg hom moet inroep. "Luitenant, is dit die manier waarop 'n Offisier halt? Waar het jy jou opleiding gedoen? Moet ek jou terugstuur? Is jy 'n vrou om nie jou voet behoorlik in te stamp nie?" Al die vrae en die skielike verandering in Kolonel van den Berg se taktiek het my – én Luitenant de Kock – heeltemal onkant betrap. Ek kon sien dat hy totaal en al oorbluf was. Voordat hy kon antwoord, het Kolonel van den Berg hom met 'n handbeweging na die stoel beduie. Hy het senuagtig in die stoel gaan sit en na Kolonel van den Berg gekyk. Sy wange het eweskielik rooi begin gloei.

Kolonel van den Berg het opgekyk. "Wie het gesê dat jy mag sit?" Luitenant de Kock het vinnig opgespring. "Sit!" sê Kolonel van den Berg. Ek het Luitenant de Kock jammer gekry, die onderhoud het glad nie verloop soos hy gedink het nie. Nadat hy verdaag is, het Kolonel van den Berg hom lank agterna gekyk en skelm vir ons geglimlag.....

Volgende aan die beurt was Luitenant Lewis van Groep 32. Ek het hom gaan roep en kon agterkom dat die atmosfeer totaal en al verander het. Luitenant de Kock het sy weergawe intussen aan die kandidate meegedeel. Die gerustheid van "dis *peanuts,*" het plek gemaak vir 'n oormaat senuagtigheid!

Luitenant Lewis het sekerlik as gevolg van die nuutverworwe kennis – sy voet baie hard ingeslaan in die halt. Hy het sy arm flink op en af in 'n teksboek-saluut geslaan en "Goeiemôre Kolonel!" gesê. "Moenie my vloer stukkend stamp nie!" Kolonel van den Berg was nou op sy stukke. Selfs hierdie onderhoud het 'n heel ander rigting as die voriges ingeneem.

Nadat Luitenant Lewis ook verdaag het, was dit die beurt van Luitenant Steyn van 6 SAI. Hy het netjies in die deur gehalt, sy voet net hard genoeg neergeslaan om sy teenwoordigheid te verklap en vir Kolonel van den Berg gegroet. "Goeiemôre," het Kolonel van den Berg terug gegroet. "Kom sit gerus, hoe was jou oggend?" Ek kon sien Luitenant Steyn het nie geweet of Kolonel van den Berg ernstig is nie, maar het geantwoord deur saaklik net die nodige te sê. Die onderhoud het verder heel aangenaam verloop. Na ongeveer 5 minute vra Kolonel van den Berg, "Het jy nog enige ander vrae, Luitenant?" Luitenant Steyn het geantwoord dat daar niks verder is nie. "Jy kan dan maar gaan, lekker dag verder."

Teen hierdie tyd kon Kommandant Anderson van Kommandement OP, nie meer sy lag hou nie. Hy het na Kolonel van den Berg gekyk en plegtig om verskoning vir die onbeheerde lagbui gevra. "Wie is volgende?" vra Kolonel van den Berg. "Luitenant Josh Struwig," het Jacques, ons Diensplig psigometris aangekondig. "Vertel my 'n bietjie van hom," sê Kolonel van den Berg. Jacques het die psigometrie lêer oopgemaak en daaruit voorgelees – ook van Josh se toestand toe hy vir die psigometrika aangemeld het. "O, die mannetjie wil kuier" sê Kolonel van den Berg. "Gaan roep hom gerus."

Ek het weer uitgegaan en gevind dat die kandidate se gemoedstoestande nou so deurmekaar was soos die spreekwoordelike verkleurmannetjie op 'n Smartie-boks. Daar was al soveel verskillende seine uitgestuur oor die verloop van die Keurraad, dat diegene wat nog moes binnegaan, nie geweet het of die kandidate wat alreeds binne was, die waarheid gepraat het, of net oordryf het nie. 'n Mens kon egter die atmosfeer met 'n mes sny.

"Luitenant Struwig, jy is volgende." Hy het stadig opgestaan, sy klere reggetrek en sy beret weer netjies gemaak. By die deur het hy ook 'n teksboek-halt uitgevoer. Na 'n flink saluut, het sy arm netjies langs sy sy gerus. Sy linkerarm was styf teen sy sy gedruk. Ek het hom intens dopgehou. Sy oë was darem nie vol padkaarte nie en hy was netjies geskeer.

Kolonel van den Berg het hom nie dadelik geantwoord nie. Hy was besig om deur die verslae voor hom te blaai. Ek het dadelik gedink dat dit 'n volgende strategie was. Uiteindelik het hy opgekyk. Ek kon klein sweetpêrels op Josh se voorkop sien. "Kom binne Troep, vertel my van jou drankprobleem!"

Nodeloos om te sê, hierdie onderhoud kon net een pad volg. Dit was nie dat daar oor die één insident teen Josh gediskrimineer is nie, sy reaksie op vrae, oor die algemeen, was maar power.

Ek het saam met hom uitgestap, reg om die volgende kandidaat te gaan roep. Toe hy buite in die sonlig kom, waar die ander hom baie onseker aangekyk het, het hy 'n paar knope gelos, vooroor gebuig en sy hande op sy knieë geplaas en vir 'n rukkie so bly staan. "Dit was *tough*, ek is nou lus vir 'n sterk dop, of drie ...."

Skelm Gholf

As daar nou maar een sportsoort is wat duur is, dan is dit gholf. Nie net is die stokke en balle baie duur nie – wel, veral as jy goeie stokke wil hê wat jou darem 'n kans op sukses gun. Die aansluitingsfooie by klubs, sowel as die koste per spel, gaan jou ook nog sommer baie uit die sak jaag. Die Weermag het gewoonlik hul eie bane gehad, so was dit ook by Kommandement OP. Die kostes was, gemeet aan private klubs, ook baie meer bekostigbaar.

Ek was nie juis 'n uitblinker in sport nie. Ek het, soos enige seun op skool, aan rugby en krieket deelgeneem, sowel as aan die verpligte atletiek aan die begin van die jaar, waarin ek sommer aan tot 5 items deelgeneem het. Na skool, het ek meer op krieket gekonsentreer – en die sukses daarna baie geniet. Dis egter 'n storie vir 'n ander dag.

Ek het baie in gholf belanggestel, maar het nie geweet waar om te begin nie. Een van die personeel wat saam met my by die Indiensnemingsentrum gewerk het, het my 'n bietjie touwys gemaak. Die uiteinde is dat ek na Brian Bands se sportwinkel, toe nog in 'n systraat uit Hoofstraat in Port Elizabeth geleë, is om my eerste stok aan te koop.

Daar het ek die trotse eienaar van 'n 8-yster geword. Ek onthou nog hoe ek teruggeloop het na die Indiensnemingsentrum met die stok in die hand. Ek moes eenvoudig meer leer en die stok gaan uitprobeer. Met 'n bietjie hulp van my kollega oor hoe om die stok vas te hou en hoe om die bal te plaas, het ek myself al hoe meer as 'n opvolger van Gary Player gesien.

Met my aankoms by die huis, het ek ontdek dat die seuns, die drie verslete en bruin gevlekte balle wat ek gehad het, êrens laat verdwyn het. My rondte, om Gary Player se vele internasionale oorwinnings te ewenaar, sou moes wag vir 'n ander dag.

Die skok het gekom toe ek nuwe balle moes gaan koop. Daar was soveel verskillende fabrikate en soveel verskillende opsies, soos die kleur van die bal, die potensiële rotasie in die bal, balle vir afstand en nog 'n hele ander paar tegniese insette, wat gholf meer na 'n wetenskap as 'n sport laat klink het. "Verkoop julle nie tweedehandse balle nie?" vra ek in onkunde. "Geen beginner wat sy sout werd is, sal ou balle hê nie." Ek het nie verstaan wat daarmee bedoel is nie, maar het gou uitgevind dat die aantal balle waarmee jy gaan speel, nie die aantal balle is waarmee jy noodwendig gaan terugkeer nie!

Met 'n boksie van 3 balle, het ek teruggeloop na my kantoor en my aankope met grootsheid aan my gholf-spelende-kollega gewys. Hy het vinnig na my keuse (die goedkoopste opsie) gekyk en met snedigheid gesê – "Dis seker goed vir 'n beginner..."

Ons het die voorreg gehad om binne-in die Kommandement te bly. Ek het ons oudste seun, wat toe net so oor die drie jaar oud was, saamgeneem – ons gaan nou 'n paar balle langs die woonstel slaan. Die grasperk langs en agter die woonstel het – wel, ten minste in my verbeelding, soos 'n wafferse gholfbaan gelyk. Die molshope was teikens om na te mik, veral ten einde afstand en rigting met die (enigste) stok in te oefen. Gou het ek geleer dat die balle 'n wil van hulle eie het en nie daarvan hou om 'n groentjie gholfspeler genadig te wees nie! Menigte balle het mooi getrek, net om sonder enige rede, na regs uit te swaai. (Ek sou eers later hoor dis omrede ek my gewrigte draai wanneer ek kontak maak met die bal) Die uiteinde was dat daardie balle nie binne die Kommandement se grense gebly het nie, maar met 'n slag op die teerpad, wat agter die Kommandement verbygeloop het, geland het en weer daarna in 'n ander rigting gespring het.

Die uiteinde was om my driejarige oor die draadheining te tel en in die rigting van die verlore balle te beduie. Ek sou my egter nie te veel aan voertuie hoef te steur nie, aangesien die pad na 16 Genie nie baie verkeer gedra het nie. Dit het gelukkig, meer as minder gebeur dat my oudste die balle kon opspoor en tot by die draad loop. Ek het hom dan langsaam en versigtig oorgetel, net om die ritueel na 'n paar minute weer te moes herhaal.

Ek het besluit dat ek hier, tussen die huise en die woonstel sou aanhou balle slaan, totdat ek die balle darem op 'n manier kon hanteer, alvorens ek die gholfbaan sou aandurf. 'n Paar dae later, sou ek selfs vanaf 'n bultjie bo die krieket- en rugbyvelde, vir myself 'n *driving range* maak, net om deur die Militêre Polisie aangespreek te word – blykbaar het hulle nie 'n sin vir humor én meer nog, vir my ambisie gehad nie!

Na 'n paar weke waarin ek myself wou touwys maak, het ek besluit om die gholfbaan aan te durf. Ek het besluit dat, aangesien ek net een stok en drie balle (vol snye en skuurmerke van hulle ontmoeting met die teer na Southdene) gehad het, ek nie by die klub sou aansluit nie. "Dit sou beter wees om na-ure 'n paar balle op die baan te gaan slaan," het ek myself gerusgestel. So het dit dan gebeur dat ek, gewapen met my 8-yster, drie balle en my oudste seun, na die heiligdom van die gholfbaan gestap het. Ek was beïndruk met my keuse van tyd – die baan was leeg.

Ek het na die tweede putjie se bof gestap, gereed om my eerste groot hou op 'n volwaardige baan te slaan. (Ek het doelbewus nie die eerste putjie gekies nie, aangesien dit té naby aan die klubhuis was en ek nie myself belaglik wou maak (en om gevang te word dat ek gratis speel) nie.

Op die bof aangekom, het dit gevoel asof ek die heilige graal gevind het! Teen hierdie tyd, het ek al geweet dat die spesifieke putjie 'n *dog leg* na links was. Met die nodige (en korrekte stok seleksie) kon die eerste hou, of reguit geslaan, of effe skuins oor die Voertuigpark geslaan word. Vandaar moes jy links draai en die setperk aandurf.

Voor ek kon afslaan, moes ek die bal eers staanmaak op 'n pennetjie – iets wat ek nog nie op daardie tyd aan gedink het nie. Die rede waarom ek die pennetjie onthou het, was omdat daar 'n paar stukkende pennetjies verstrooi gelê het op die bof. Daar was een wat nie te sleg gelyk het nie, wat sou moes doen om 'n "beginner" soos my kollega my genoem het, tevrede te stel. Môre sal ek gaan pennetjies koop, altans, dit het ek myself beloof.

Ek het (met die getroue en enigste stok in my besit) die eerste hou so reguit as moontlik probeer slaan. Die bal het nie baie ver getrek nie, maar gelukkig (of eerder genadiglik) het dit nie begin streke uithaal in die lug nie. Die bal was darem duidelik sigbaar – dus kon ek reguit daarna loop om die volgende hou aan te durf. Ek sou later uitvind dat 'n bal, al dink jy dat jy weet waar dit geland het, onverklaarbaar kan verdwyn....

Die tweede en derde houe het ook goed afgeloop. Ek het afstand ingeboet, maar die balle darem reguit geslaan. Die vierde, vyfde en sesde hou het my al hoe nader aan die setperk gebring – ek het so daarna uitgesien om die vreugde te kon beleef wanneer die bal – uiteindelik – met 'n geklingel in die putjie sou val.

Daar was nog net een hou tussen my en die roem van die setperk. Ek kon al sien hoe die bal in die gaatjie verdwyn, maar helaas.....

Die laaste hou na die setperk het voorgelê. Ek het mooi voor die bal gaan staan, my vingers, soos my kollega beduie het, gevou en die stok agter die bal geplaas. Ek het my knieë effe gebuig, soos wat ek aangesê is, my kop stilgehou, my gewrigte styfgehou, sodat hulle nie knak in die deurswaai nie en met 'n mooi pendulum-aksie, die bal baie netjies getref. Die bal het nie veel hoër as twee meter bo die grond gevlieg voordat dit, naby aan die putjie, begin sak het nie. Met 'n sagte plofgeluid, het die bal op die voorste soom van die setperk geland. Dit het een-twee-drie keer gehop en toe koers gevind oppad na die gaatjie.

My hart het in my keel geklop, my mond was droog en my hoop was hoog. Die bal het, instede daarvan om stadiger te beweeg, begin spoed optel soos dit met die helling begin rol het. Dit het 'n meter links van die gaatjie verbygerol. Ek het besef dat hierdie bal nie op die setperk sou stop nie. Hierdie bal sou nie vir my 'n vreugde gee en die herinneringe gee waarna ek gesmag het nie. Nee, hierdie bal het sy eie wil gehad. Die duiweltjie wat hierdie rollende bal bestuur het, sou dit nie maklik maak vir 'n beginner nie!

Die bal het van die setperk afgerol, oor die dikker gras en begin spoed verminder, net om sonder veel seremonie, in die sandkuil te eindig. Ek sou vandag ook die geleentheid gegun word om my setperk-oorlewingsoefeninge te kon doen. Om 'n lang storie kort te maak: Van daar af was dit 'n uitdaging om weer die setperk te haal, nie dat dit ver is nie, maar omrede die bal elke keer, wanneer dit op die setperk geland het, sonder seremonie besluit het om oor die setperk te loop.

Oppad huis toe het ek gedink aan my kollega se woorde. "Dis daardie een hou wat jou weer terugvat gholfbaan toe...."

Die volgende dag het ek weer probeer en met die dae wat volg (behalwe Woensdae wanneer die klublede met Sportpas gespeel het) het ek weer en weer probeer. Na 'n paar dae, het ek selfs die syfer 3 derde bof aangedurf. Dit was 'n kort baan wat belaan was met bome aan die linker- en regterkant. Hier moes jy jou slag ken, 'n effe buig in die gewrigte sou onvergeefbaar wees. Dit het ek met 'n slag besef toe die bal tussen die bome verdwyn.

Ek en my oudste seun het begin soek waar ons gedink het die bal sou eindig, maar nou ja, na byna 'n halfuur se soek om die duur – en teen hierdie tyd om 'n gehawende bal te vind, het ek moed opgegee. Ek het nog twee gehad, dus sou ek weer probeer. Die tweede bal het weer op sy beurt aan die regterkant verdwyn. Ons het weer na die bal geloop, altans daar waar ons gedink het die bal sou lê, maar niks gevind nie.

Teen hierdie tyd het ek besef dat 20 minute se soek net so effektief sou wees as 30 minute se soek. Die uiteinde was dat ek, gewapen met die laaste bal, na die bof teruggestap het. Die bal moes nou net reguit bly trek!

Ek het al die *checks* uitgevoer alvorens ek die bal geslaan het. Hierdie keer het die bal netjies en reguit getrek, reguit na die setperk. Aangesien ek maar nog net 'n beginner was en meer nog, aangesien ek net een stok gehad het, het die bal nie ver getrek nie. Die tweede hou, wat my moontlike voëltjie-hou sou wees, was nog nodig om naby aan die setperk te kom.

Die naderhou en die *chip* van die bal na die setperk het ook 'n paar houe in beslag geneem. Weereens het ek besluit, ek sal dit nog môre een kans gee, dalk speel ek dan beter.

Die volgende middag was ek en my oudste seun weer daar. Ek het besluit om sommer reguit na die vierde bof te gaan, wat 'n *dog leg* na regs was. Die laaste naderhou sou ook oor 'n klomp bome gespeel kon word – dis nou as 'n mens waaghalsig, vreesloos, of Gary Player was!

Oppad na die bof het ek egter vir RSM Van Brakel sien rondry in sy bakkie. Hy het, toe ek oppad was na die baan, verby my gery. Nadat ek oor die tweede putjie kortpad geneem het na die vierde een, het ek weer sy bakkie gesien. Hierdie keer was hy besig om op die baan self te ry. Ek het onderneem om aan te gaan asof niks verkeerd of ongeoorloof was nie, dit sou mos die minste aandag trek.

My eerste hou vanaf die bof het sommer dadelik links geswaai, reguit na die lang gras wat tot teenaan die Lughawe se heining gegroei het. Teen hierdie tyd het ek alreeds die waarskuwings gehoor – as die bal dáár is, dan los jy dit net daar. Daar was blykbaar – en ek moet erken – ek het later met my eie oë gesien, die aller vetste en grootste pofadders, wat mens seker op hierdie aarde sou aantref!

Ek het weer 'n paar keer probeer en die nuwe balle wat ek juis na my groot verlies van gister moes aanskaf, ook 'n kortstondige gholfervaring gegee. Met die vyfde of sesde hou, het ek daardie één hou geslaan wat jou mos weer terugbring gholfbaan toe! Die bal het ongeveer 10 meter voor die groot bos, wat voor die setperk was, tot ruste gekom. Ek het met baie moed daarheen gestap, gereed om die volgende dimensie van gholf, om 'n blinde hou bo-oor bome te speel, binne te tree.

Ek het, oudergewoonte, 'n paar swaaie geneem voordat ek die bal aangedurf het. Die bal het met 'n baie mooi trajek, bo-oor die bome gevlieg. Met die val, het ek die bal se vlug verloor, maar geweet dat dit redelik goed oppad was na die setperk. Dis toe dat my hart 'n paar slae gemis het!

Ek kon al sien hoe ek my Militêre loopbaan sou laat kortknip deur die mooiste hou wat ek nog geslaan het! Ek het 'n slag gehoor en dadelik gedink aan RSM Van Brakel se bakkie. In my geestesoog kon ek sien hoedat hy nog rustig in die bakkie sou sit, net om deur my (goedgemikte en goedbedoelde) hou getref te word. Ek kon al sy bulderende stem hoor. Op daardie spesifieke oomblik het ek verstaan waarom sielkundiges praat van die veg-of-vlug-refleks! Ek wou my oudste seun optel en weghardloop, maar het geweet dat dit nie die manier sou wees om hierdie situasie te hanteer nie.....

Ek het stadig om die bome geloop, oppad om (wel in my gedagtes) vir RSM Van Brakel te vertel van my goeie jare van diens voor hierdie insident. Nadat ek om die bome geloop het, kom ek agter dat daar geen sig van 'n bakkie, RSM Van Brakel, of enige ander metaal/glas voorwerp is nie.

Ek het, nadat ek weer normaal kon asemhaal, begin om saam met my seun te soek na die bal. Ek het oral gesoek, maar kon niks vind nie. Na 'n paar minute, net voor ek wou ophou soek, hoor ek my oudste sê: "Hy is hier, Pappa!" "Waar?" vra ek. "In die gaatjie, Pappa!"

Ek kon dit nie glo nie, al sou jy my 'n miljoen balle gee, sou ek nie weer daardie hou kon speel nie. Ek het inderdaad daardie hou gespeel wat my weer en weer sou terugbring na die gholfbaan.

Dit was jare later, 'n paar maande voor my oudste seun se troue, toe ons weer oor daardie dag gesels het. Ek het met soveel nostalgie daaroor gepraat, oor die mooi hou, die vrees na die slag en die oorwinning toe die bal in die gaatjie lê.

My seun het so 'n rukkie voor hom uitgekyk. "Ek onthou daardie dag, Pa. Dis egter nie heeltemal wat gebeur het nie. Ek het die bal in die gaatjie gegooi......"

'n Lêerverwysing bring identiteit.

My pa het altyd gesê dat jy nooit 'n optelhond 'n naam moet gee nie. Doen jy dit wel, dan gaan die hond bly. Dieselfde prinsiep geld in die Weermag. Die enigste verskil is net dit: As dit 'n lêerverwysing het, dan gaan dit bly!

So was dit dan ook met Projek Harmonia. Ek het bewus geraak van Harmonia, soos wat ons dit kortweg genoem het, nog voordat ek by die Mediese Kommandement aangesluit het. Die Leërmanne het 'n groot grap daarvan gemaak en na die "Singende Medics" verwys, wat sekerlik beter as sommige van die ander name is wat aan die "Medics" toegedig is.....

Harmonia het een maal per jaar op die horison verskyn. Blykbaar was dit die droom van Mev Knobel, die destydse Geneesheer-Generaal, se eggenote. Die gedagte daaragter was dat dit samesyn en kameraadskap sou bevorder. Ongeveer 'n maand voor die "evalueringsdatum," is daar onverpoosd met inoefening begin. Militêre strategie is vermeng met die aanloklikheid van die kollig om, hopelik, van die aand 'n sukses te maak.

Ons eerste groot evalueringsaand was by die Vlootbasis in Port Elizabeth. Gesinne is ook betrek om genoeg atmosfeer aan die geleentheid te gee terwyl ons almal, uit volle bors saamgesing het vanaf die transparante wat vinnig met die hand verwissel is. 'n Broer en suster wat kitaar gespeel het, het die hele Mediese Kommandement begelei. Waar hulle vandaan gekom het, of wie hulle was, sal ek seker nooit weet nie. Al wat ek met sekerheid kan sê, is dat die snoekbraai na die evaluering, ten spyt, ons nie 'n groot indruk op die beoordelaars gemaak het nie....

Die daaropvolgende jaar sou heelwat anders verloop. AO2 Ashley Smith het verneem dat die SA Brouerye in Port Elizabeth, gratis begeleidende toere aanbied waarin daar verduidelik is hoe bier verbrou word. Die hoogtepunt, veral onder die NDP's, was dat die "produk" gratis en in oormaat getoets en geproe kon word. Hierdie idee kon enige ander tyd werk, maar nie onderwyl ons besig was om aan Harmonia te oefen nie.

Ons het, oudergewoonte, 'n maand of wat voor die tyd begin om aan ons repertoire te werk. Luitenant Werner Kruger, sou op 'n stadium 'n solo lewer – ons het die lied "We all stand together" – aangepak. Elke keer wanneer hy die hoë note moes neem, het Kaptein Cecil Beukes en sy gallery van "bewonderaars" begin om die "parrijam" te sing. Chaos was nie die woord om die gepaardgaande verwarring te beskryf nie!

Daar is ook gevoel – aangesien 'n verandering so goed soos 'n vakansie is – dat ons die Tropiese Huis in die Museum Kompleks, in Port Elizabeth sou gebruik vir ons finale uitvoering. Ek dink dat dit 'n puik idee was, veral omrede die venue dit daartoe geleen het om onsself ver van die Militêre omgewing, te laat beweeg. Ons kon selfs 'n aand of twee by die Tropiese Huis oefen, sodat ons aan die omgewing gewoond kon raak. Soos toets rugbyspelers het ons die nuwe, onbekende omgewing ingeneem en getoets alvorens die dag van die naderende oordeel sou aanbreek.

Dit was, ongelukkig in hierdie tyd, dat AO2 Smith se goeie bedoelinge met die uitstappie na die SA Brouerye, die voortbestaan van ons ekskursie na die Tropiese Huis, sou bepaal. Wat ons ALTYD moes onthou – en ons het dit kortstondig vergeet – was dat GRATIS bier (of enige vloeibare verversings) en 'n Nasionale Dienspligtige (NDP) nie saamgaan nie.....

Ons het die middag net na middagete na die SA Brouerye gegaan om die uitstappie der uitstappies te kon beleef. Ek glo dat baie van die manne besluit het, dat aangesien daar skynbaar ook versnapperinge voorsien sou word, middagete nie nodig sou wees nie. Groot fout!!

Ons is gul ontvang deur die personeel wat ons trakteer het met 'n video oor die geskiedenis van bier, voordat ons deur die brouery geneem is om al die fasette van die brouproses te kon verstaan. Die hele toer deur die brouery het net meer as 'n uur geneem, waarna ons bedien is met beperkte versnapperinge en onbeperkte toegang tot die vloeibare produk. Groot fout, ek glo nie dat die brouery voorbereid was op wat gevolg het nie! Die hoenderboudjies, keurig voorberei, die samoesas en vleispasteie, is alles versaak, sodat die eintlike voedsel – dié in bottel- en blikformaat, geniet kon word.

Ek en Kommandant Barnard het op 'n stadium besluit om saam terug te stap na die Kommandement, terwyl die toetsing van die bier nog in volle swang voortgegaan het. Ek kon net dink hoe die dag sou eindig.

Om 7nm het ons weer by die Tropiese Huis ingestap om die voorlaaste oefening te doen. Behalwe vir diegene wat alreeds gesukkel het met die aanvang van 'n self-geïnduseerde hoofpyn, het die aand redelik goed verloop. Soos gewoonlik, het Kaptein Beukes en sy gevolg, die lewe van Luitenant Kruger, baie moeilik gemaak wanneer hy sy solo moes doen! Ons is daarna huis toe met die wete dat ons die volgende week die evaluering sou kon doen.

Die volgende oggend was nie te goed vir die Kommandement nie. Vroegoggend het Luitenant van Coller, ons skakelbeampte, 'n oproep van 'n baie moeilike skakelbeampte van die Museum Kompleks, waaronder die Tropiese Huis sorteer, ontvang. Ons is aangesê dat ons nie verder van die perseel se geriewe mag gebruik nie, aangesien die krokodille bedek was met opgooisel – die resultaat van die vorige dag se gratis bier, gelewer deur die groep NDP's!

Dit het omtrent mooipraat en soebat geneem om die skakelbeampte te oorreed om ons net weer 'n kans te gee. Allerhande verskonings is gebruik, waarvan voedselvergiftiging die mees aanvaarbare was.....

Die volgende week se evaluering het, soos die vorige jare, nie vir ons enige sukses laat behaal nie. Daar is vermelding van die venue gemaak, maar ons sangvermoëns en ander pogings om te beïndruk, het veel te wense oorgelaat. Sukses sou maar weer die volgende jaar nagejaag moet word.

'n Maand voor die volgende jaar se evaluering, het ons weer begin oefen. Hierdie keer sou ons die 1995 Wêreldbeker-wedstryd tussen die Springbokke en Kanada, as "storielyn" gebruik. Ons het sang en beweging gebruik om die wedstryd lewe te laat kry. Dit was niks snaaks vir ons om 'n skrum te vorm en almal saam "Ken jy Tant Mossie se sakkie, sakkie...." te sing nie. Van die ander liedere wat ons gebruik het, was van Leon Schuster se Wêreldbeker CD. Hierdie poging sou ons groot en finale poging wees!

Weereens sou die drome om Harmonia-sukses te kon smaak, moes wag tot die volgende jaar.

So vêr my kennis strek, was dit die laaste jaar wat die Kommandement aan die Projek deelgeneem het. Die volgende jaar het die Bevelvoerder 'n brief aan die Geneesheer-Generaal gestuur om te vra om verskoon te word van die kompetisie, aangesien die oormaat werk as gevolg van die integrasieproses, dit byna onmoontlik gemaak het om die tyd te hê om vrywilliglik en in harmonie, daaraan te kon deelneem.

Het ons iets uit die samesang en kuier geleer? Het dit iets bereik? Gemeet aan wen en verloor – seker nie, maar dit het soveel herinneringe geskep, iets waarin ons vandag nog kon deel.

Geen van ons sal ooit weer na, *"We all stand toether"* kon luister, sonder om gevul te wees aan humoristiese herinneringe van Harmonia nie.

Majoor Clyde Bester

Ek was die laaste vyf jaar van my militêre loopbaan, werksaam by die Mediese Kommandement Oostelike-Provinsie in Port Elizabeth. Dit was die logiese stap om te neem nadat ek ook alreeds vyf jaar by die Werwingsentrum deurgebring het. Daar is net soveel onderhoude en attestasies wat enige mens kan doen! Ek het my ook oortuig daarvan dat ek meer blootstelling benodig vir my professionele toekoms.

By die Mediese Kommandement was alles anders as die *sivvie*-houding van die Werwingsentrum. Ek moes weer begin dril, moes gaan skiet op 'n gereelde basis en moes ook aan die "normale" militêre lewe gewoond raak.

Al my ondervinding by die Werwingsentrum, kon my nie voorberei op dit wat by die Kommandement se Personeelafdeling, op my gewag het nie. Ons SO1 Pers was 'n moeilike man. Hy het dinge op sy eiesoortige manier gedoen en was nie baie geneë daarmee om na insette te luister nie. Wat egter interessant was, was dat hy nie 'n tipiese militaris was nie.

Elke oggend om 8vm, moes ons as Personeelafdeling, in die oopplan bymekaar kom vir Ordergroep. Dit was 'n lomp affêre met Staandemag lede van beide die Offisier en Onderoffisier geledere, dienspligtiges en Siviele lede wat elke dag dieselfde ritueel moes deursit.

Kommandant West, ons SO1 Pers, het die Ordergroep belê, sodat hy elke faset van die personeelafdeling, persoonlik kon bestuur. Tot op die fynste besonderhede, is elke faset van ons werk op 'n mikro-manier bestuur. Hy was nie iemand wat hom baie aan die etiket van militêre rangstrukture gesteur het nie. 'n Senior is sonder veel seremonie voor die juniors aangevat oor die kleinste onbenulligheid. Hy het homself die titel – *Capo dei Capi* toegedig en dit met elkeen, wat die eerste keer vir hom ontmoet het, dit gesê en dan verduidelik – *Capo dei Capi* – *Boss of all bosses*!

In sy strewe om die personeelafdeling vanuit die doldrums van kollega-veroordeling te probeer stuur, het hy sy hand al hoe stewiger om die personeel gesluit. Hoe harder hy probeer het, hoe meer het die boot op die rotse afgestuur. Vanuit die Siekeboeë het beskuldigings gekom dat die Personeelafdeling, 'n "Skool van gestremdes" was en dat dit die mees disfunksionele groep sedert die *Adams family* was. Met sommige van die kommentare, moes ek egter saamstem.....

Die ordergroepe het onbepaald aangesloer. Kommandant West het hom nie aan tyd gesteur nie en was ongelukkig nie baie planmatig in sy bestuur van die ordergroepe nie. Wanneer hy vir jou geteiken het en lank oor sy leesbril aangekyk het, het jy geweet, hier kom 'n ding – en dit was nie 'n vakansie nie!! Daar was, byvoorbeeld, geen agenda nie. Sake is hanteer soos en hoe hy wil.

Onderwyl ons moes sweet met die daaglikse ordergroepe, het ek bewus geraak van Majoor Clyde Bester, ons Teen-inligtingsoffisier. Hy het, asof hy geen druk op hom gehad het nie, die lewe hanteer. Ons het mekaar verskeie kere in die gange ontmoet. "Julle *suffer* weer vandag", of "eerder julle as ek", was sy gunsteling woorde. Gewoonlik het hy dan na die Leër Basis gegaan (as verskoning), via die strand en 'n paar branders op sy branderplank gery!

Ek het soms probeer om met my gedagtes, myself in 'n ander dimensie in te dink, weg van die daaglikse foltering, maar, helaas, dit was nie vir my beskore nie. Terwyl ons so moes voortstamp, het Majoor Bester floreer. Hoe het ek nie werk van 'n Teen-inligtingsoffisier beny nie!

Ester, een van ons Siviele klerke, het eendag met my oor hom kom praat. "Weet jy dat hy *games* speel op rekenaars wanneer ons so uitgetrap word? "Ek kan nie dink dat dit so is nie, hy is immers verantwoordelik vir virusbeheer op rekenaars, dus is hy seker besig om net seker te maak dat die rekenaars skoon is...." Sy het my met baie ongeloof aangekyk en gesê: "Ek wens net iemand wil hom uitvang!"

Dit het nie lank geneem vir haar woorde om waar te word nie. Ek het eendag bewus geraak van Pionier Mbatha, wat in die gang rondgedrentel het. "Kan ek jou help?" vra ek. Hy het net meer ongemaklik gelyk en kon my nie in die oë kyk nie. "Majoor Bester het gevra dat ek hier moet staan." "Nou waarom moet jy in die gang staan?" vra ek. Hy het weer nie geantwoord nie.

Ester het haar opwagting gemaak. "Ek het gehoor hoe Majoor Bester vir hom gesê het om hier in die gang te staan as *cavie*." "*Cavie*?" vra ek. "Hy moet uitkyk vir Kommandant Botha." (Dit moet vermeld word dat Kommandant Botha ons SO1 Ops en ook 'n moeilike man was. Hy was nie die tipe persoon wat dit sal aanvaar dat iemand lyf wegsteek nie.) "En waarom is dit?" Pionier Mbatha sê vinnig: "Die Majoor speel op die *computer* in die Opskamer en wil nie hê dat Kommandant Botha moet weet nie." "Hoe lank staan jy al hier as *cavie*?" vra ek. Dit blyk toe dat die storie alreeds 'n paar dae lank ontvou.

Ek het die deur na die Opskamer oopgemaak en Majoor Bester voor die rekenaar gevind soos ek meegedeel is. "Majoor, speel jy *games*?" Hy het dit nie eers probeer verbloem nie. "Jip, ek speel *Bob 1940*." "Wat is *Bob 1940*?" vra ek. "Dis 'n *flight simulator*. Ek kort nog 'n paar *missions* voor ek bevorder kan word." "Het jy nie werk nie?" vra ek. "Nee," sê hy en gaan onverpoosd voort met die speletjie. Hy draai sy nek en dan sy bolyf saam met die rigting van die vliegtuig se draai op die skerm voor hom.

Ek het 'n rukkie net daar gestaan voor ek omgedraai en by die Opskamer uitgeloop het. Ek kon nie glo hoe hy net so onbeskaamd kon wees nie.

Die situasie het seker nog 'n week of wat voortgeduur. Hoe snaaks is ons ou mensdom nie! Noudat ek bewus was van sy spelery, het dit my ontsettend kwaad gemaak, maar, daar was klaarblyklik niks wat ons daaraan kon doen nie. Elke oggend het Pionier Mbatha sy plek in die gang opgeneem, net om vir Majoor Bester in kennis te stel as sy spelery hom dalk in die moeilikheid kon laat beland het.

Dit kon nie so voortgaan nie – ons moes iets daaraan doen. Op 'n dag vra Luitenant Kotze, ons SO3 Pers, of ek nie rekenaarkennis het om die spelery stop te sit nie. Hy het ook intussen van die spelery bewus geraak – en het sy vermoede, dat Majoor Bester ons rekenaar besmet het met 'n virus, tydens sy spelery in leë kantore – bevestig.

Ek het onthou dat ek 'n baie onskuldige program met die naam *Bugs,* op 'n *floppie* by die huis gehad het. Hierdie storie sou nou éérs begin interessant word. Ons het afgespreek om die aand weer na die Kommandement te gaan en om te kyk wat ons kan doen om Majoor Bester te kortwiek.

Ek het voor die rekenaar (die beste *DOS*-gedrewe rekenaar van sy tyd!) gaan sit en die *MENU* deursoek vir die speletjie waarmee Majoor Bester sy dae verwyl. Dit het nie lank geneem om dit te vind nie. Ek het daarna die *BOB.EXE file* uitgevee en vervang met *BUGS.EXE*. Om die *BUGS.EXE* te herbenoem na *BOB.EXE*, was nie moeilik nie!

Ek het weer deur die *MENU* geblaai en *ENTER* gedruk op *BOB.EXE*. Instede daarvan dat Majoor Bester se speletjie (met al sy speletjie-geskiedenis) oopmaak, is die skerm voor ons oë deur rekenaar-insekte "opgevreet." "*Mission accomplished*!"

Ons het uitgebars van die lag. Nog nooit het twee persone van die Personeel Afdeling, so lekker SAAMgelag nie! Ons kon beide nie wag om die volgende dag Majoor Bester se gesig te sien (as ons kon) nie.....

Die volgende oggend het ons alreeds net voor 8, vir Majoor Bester oppad na die Opskamer gesien loop, gevolg deur Pionier Mbetha. Ek en Luitenant Kotze, het eweskielik onthou dat ons iets in die Opskamer moes gaan doen. Ons het plek ingeneem by die radios en gesorg dat ons 'n goeie uitsig op die rekenaar en Kaptein Bester het.

Hy het die rekenaar baie behendig aangeskakel en vir die *MENU* gewag om op die skerm te verskyn. Hy het met volle verwagting *ENTER* gedruk op *Bob 1940* en gewag vir sy volgende missie en beloofde moontlike virtuele bevordering, om op die skerm te verskyn. Hy was totaal en al nie voorbereid op die "insekte" wat eweskielik, sy skerm "opgevreet" het nie. Asof in stadige aksie, het hy stoel en al, agteroor geslaan. Ons kon nie meer ons lag hou nie en die Opskamer uitgestap.

Kommandant West was alreeds besig met die Ordergroep! Hy het ons aangegluur oor sy leesbril. "Ek is so bly julle het my, *Capo dei Capi*, laat wag....."

Die uittrap wat daarop gevolg het, was alles die moeite werd! Ek het na afloop van die ordergroep, na Luitenant Kotze se kantoor gestap. Hoe voel jy oor ons sukses, *Capo dei Capi*?

JL's

Ek was een van 96 kandidate wat op 'n somber Vrydagmiddag, aangemeld het vir keuring en toelating tot die Junior Leierskursus. Ons moes almal die nodige Staandemag Medies en Psigometrika voltooi, voordat ons kon aanmeld vir die keuring. Die Weermag het ons baie vertrou en die evaluering sommer saam met ons gestuur. Ek het ietwat soos Uriah, Bathseba se eggenoot gevoel, met die toekoms van my lewe in my besit.

Die Keurraad was nie baie intens nie, daar is noukeurig na ons antwoorde geluister, terwyl die psigometriese evaluering en vertroulike verslae van ons Bevelvoerders, ook 'n rol gespeel het. Na wat soos 'n ewigheid gevoel het, is ons laat middag, almal in 'n groot lokaal ingeroep. Majoor McNally, die hoofinstrukteur, het ook sy opwagting gemaak. Name is alfabeties uitgelees – dis nou dié wat dit gemaak het.

Gelukkig hoef ek nie te lank te wag nie, aangesien my Van redelik hoog in die alfabet is. Wat ookal besluit is, my senuwees sou net 'n rukkie moes hou....

Ek was een van die 56 kandidate wat gekeur is! Die opgewondenheid was ietwat gedemp deur die wete dat ek my vrou (wat net uitgevind het dat sy swanger is met ons derde) en twee jong seuns, nie gou weer sou sien waar ons in Port Elizabeth gewoon het nie.

Ons is aangesê om dadelik by die SAGD Kollege se Offisiersmenasie aan te meld, ten einde ons kamers te kon betrek. Stel jou voor – ons gaan nie in *bungalo's* bly nie, ons gaan twee-twee in 'n kamer wees en ons gaan alreeds aan die Offisier-kultuur blootgestel word.

Om 'n kamer te kies, is nie sommer net vir teken en vat nie. Ek en Grant, 'n vriend van Mediese Kommandement Oostelike-Provinsie, sou 'n kamer deel. Uit vorige ondervinding het ek geweet dat die vertrekke baie koud kon wees in die winter en dat 'n kamer wat heeldag son kry, 'n premium vertrek sou wees. Nadat ons die perfekte kamer geïdentifiseer het, is ons weer na die Dienskamer waar ons geteken het vir ons kamer en het ons maaltyd-koepons vir die menasie ontvang. (Ons sou nou eersdaags self kan beleef of die beweringe van voortreflike voedsel wel waar is!)

In die kamer aangekom, moes ons ons Onderoffisier-range, versigtig vanaf ons *tuniks* verwyder. Die wit bandjies van 'n kandidaat-offisier, (wat so laag in die hiërargie is dat selfs die Weermagkomberse meer strepe – en dus hoër in die struktuur was) is sorgvuldig om die lapelle gebind. Anders as die vroue, wat ook 'n wit band om hulle hoedens moes vasmaak, was ons transformasie redelik eenvoudig.

Saterdagoggend was ons eerste smakie van Offisierskos. Wat 'n groot verskil was dit nie van die Onderoffisiere s'n nie! Ons het ook nie die gewone ontbyt gehad nie, maar 'n *brunch*. Die verskeidenheid en kwaliteit was veral opvallend. Hier sou ons kon leef!

Sondag is rustig spandeer, afwagtend vir die Maandag se opleiding om te begin. Nie een van ons het geweet wat om te verwag nie. Seker ook maar goed so!

Maandagoggend het begin met 'n byeenkoms vir diegene wat op daardie stadium in die SAGD, hetsy by die Kollege of Opleidingsentrum, besig was met opleiding. Die vriendelike atmosfeer was uiters misleidend én ons het dit geweet!

As KO's, was daar van ons verwag om nie te loop nie. Ons sou orals moes draf. Ek was baie dankbaar daarvoor, want fiksheid was nog nooit een van my groot vreugdes nie. 'n Paar klasse later, is die dag afgesluit met die letra-baan, 'n plek waar elkeen se optrede onder die spreekwoordelike vergrootglas geplaas is. Met die terugkoms, is daar besluit dat ons nie maar net weer almal sou terugdril nie, maar dat ons op die looppas sou terugkeer, iets wat my ietwat onkant gevang het.

Dae lank is daar klas geloop, gehardloop, gedril en is ons stadig maar seker, in 'n groep gejel. Ons het eksamen geskryf, iets waarin ek kon uitblink, terwyl sommige dit nie so goed beleef het nie. Daar was nie net gedreig met ontslag uit die kursus nie, dit het wel plaasgevind dat diegene wat 'n eksamen en 'n her-eksamen sou druip, van die kursus verwyder is. Algaande het ons getalle al hoe minder geword. Ek kon nie verstaan waarom kandidate deur alles sou gaan, net om nie te wil leer vir die eksamen nie.....

Wat my op daardie tyd baie gekwel het, was dat my vrou al hoe sieker geword het. Wanneer ek geskakel het, kon ek hoor dat dit nie goed gaan met haar nie. Sy was 'n paar keer in die siekeboeg opgeneem, nie maklik om te hanteer wanneer jy meer as 'n duisend kilometer verder sit nie!

Fiksheidstoetse het gereeld plaasgevind, gewoonlik 'n paar dae tevore voorafgegaan met paal *PT*! Alles is gedoen om ons fiks te kry vir die veldfase wat gewag het. Ons was verbaas om by Majoor McNally te hoor dat, as kandidaat- offisiere, ons nie net die "gewone" *2,4* sou doen nie, o nee, as potensiële offisiere, moes ons die voorbeeld stel – 4,2 was die nuwe 2,4!

Ek het altyd gehoor van mense wat sê dat hulle op 'n stadium, as gevolg van hulle fiksheid, 'n onverklaarbare drang het om te hardloop. Ek het geglo dat ek immuun is daarteen. Groot was my verbasing, toe ek ook hierdie gejeuk om te hardloop, begin ondervind het!

My vrou het een aand laat weet dat dit nie goed gaan met die swangerskap nie en dat sy die volgende dag vir verdere toetse moes gaan. My gedagtes was by haar, ek het so begeer om net daar saam met haar te wees.

Die volgende dag se opleiding is afgesluit met die gewone (teen hierdie tyd) 4,2. Die beginpunt was binne die SAGD Kollege, van daar tot by die verste robot by 1 Mil en terug en weer dieselfde roete heen-en-weer. Ek het nie te goed gedoen met die 4,2 nie, my gedagtes en fokus was 1200 km verder....

Nadat ons die toetse afgelê het, het ek haastig na die kamer teruggekeer, gaan stort en aangetrek, sodat ek my vrou op die afgespreekte tyd kon bel. (Onthou, dit was lank voor selfone en die enigste kontak kon gemaak word deur van die "tiekieboks" op die grondvloer, gebruik te maak.) My lyf was seer van al die inspanning, maar ek kon vinnig genoeg klaarmaak om te skakel.

Half vyf het ek die nommer geskakel. Die foon het 'n rukkie gelui. Wat presies daarna gebeur het, kan ek vandag nie meer onthou nie. Al wat ek weet, is dat my vrou gesê het dat sy die baba verloor het. Dit het gevoel asof ek in 'n droom was waaruit ek nie kon wakker word nie. Met alle geweld en met alles in my, wou ek dadelik plan maak om by haar te wees. Om nou te probeer vlieg sou buite die kwessie wees.

Ek het die keuse gehad om vir die volgende dag se eksamen aan te meld en daarna na Port Elizabeth te vlieg, of om net daar en dan myself te onttrek van die kursus. My vrou wou niks van die laaste opsie weet nie.

Ek het met Grant gepraat oor die nuus wat ek sopas van my vrou ontvang het. Hy het op daardie stadium nog nie kinders gehad nie en kon dus nie regtig verstaan wat in my gemoed aangaan nie. Hy het met een van die ander studente gesels wat daardie aand aan diens was. Hy het my laat roep en meegedeel dat hy my gaan deurskakel na Majoor McNally, sodat ek self dit met hom kon bespreek.

Majoor McNally was ongelooflik vol begrip en deernis, heelwat anders as die (nodige) ferm instrukteur wat ons onder hande geneem het. Hy sou verder met die Bevelvoerder skakel, ek moes in die dienskamer wag totdat ek van hom hoor. Binne minute het Luitenant-Kolonel Venter geskakel. Hy was die laaste persoon wie ek verwag het my sou skakel, maar sy empatie was ongelooflik ondersteunend. Ek is toegelaat om die volgende oggend na die lughawe te gaan, na my vrou te gaan en vyf dae later terug te keer, sonder om van die kursus onttrek te word! Daar was nog mens-mense in die Weermag!

Nadat ek vyf dae later weer by die Kollege aangemeld het, moes ek vinnig die eksamens skryf wat ek misgeloop het. Die begrip en empatie van verskeie instrukteurs, was soos koelwater op 'n baie warm dag.

26 September, ons huweliksherdenking, is spandeer met *chariots*. Diegene wat al ooit met 'n *chariot* te doen gekry het, sal weet dat dit nie die wonderlikste tyd is om jou huweliksherdenking te vier nie. Ons het oor en oor resies gejaag met 'n swaar staal sleepwa, waarvan een van die wiele pap is (sodat dit nie behoorlik gestuur kon word nie). Behalwe dat dit ons verbintenis sou toets, het dit ook die dubbele doel gehad om ons fikser te kry vir die naderkomende veldfase en ook om ons as groep beter te jel.

Na die veldfase, sou ons 'n week na ons geliefdes kon gaan voordat ons voor die finale keurraad sou moes verskyn. Teen daardie tyd het ons getalle alreeds baie minder geraak. Ons het soveel tyd saam spandeer, soveel mooi en seer saam beleef, dat enigeen wat van die kursus onttrek is, gevoel het soos 'n groot persoonlike verlies.

Die finale keurraad sou ook sy verrassings lewer. Weereens het ons getalle verminder. Diegene wat sou kon aanbly, sou dan op die Gevegshanteringskursus, wat nou ook tot ons opleiding toegevoeg is, moes meemaak.

Net meer as 'n maand later, is ons voorsien van ons aanstellingsbriewe as Offisiere. Ons het dit gemaak! Van die aanvanklike 56, wat begin het met die kursus, was ek een van die 28 wat die kursus suksesvol voltooi het. Wat 'n voorreg was dit, om na al die seer en emosie, ook die finale parade met my vrou, wat kon opvlieg, te kon meemaak.....

(Dit het etlike jare geneem voordat ek ontdek het dat ek nie met die verlies van die baba, vrede gemaak het nie...)

JL's se Veldfase

Met die eerste intrapslag in die Junior Leierkursus, is ons elkeen van 'n program van die opleiding voorsien. Ons kon sien waarmee ons elke dag besig sou wees, watter vakke ons sou hê, maar meer nog, wanneer die gevreesde veldfase sou plaasvind.

Ons is geleidelik voorberei, ook fisiek, sodat ons die veldfase met 'n redelike kans van sukses sou kon meemaak. Ongeveer drie weke voor die veldfase, is ek vir 'n paar dae van die kursus onttrek, nadat my vrou ons ongebore baba verloor het. Die week saam met my vrou en die twee seuns, het wondere gedoen.

Terug in Pretoria, moes ek na die KM store gaan ten einde my voorraad vir die veldfase te gaan trek: R5-geweer en 9mm pistool, groot sak, slaapsak en grondseil, sowel as eetgerei en 'n waterbottel. Die aand voor die vertrek, is ons elkeen besig om die inhoud van die groot sak sorgvuldig in swartsakke toe te draai. Ons het geweet dat ons gaan nat word – daarvan het ons alreeds verskeie kere gehoor. Die swartsakke was 'n powere poging om die onvermydelike natword, te probeer demp.

Vroegoggend moes ons aantree, ten volle toegerus met al ons militêre voorraad. Ons is nie direk na die wagtende Samils nie, ons moes eers ander voorraad laai, waaronder 'n 45 gelling dieseldrom en duisende bakstene vir aanbouings by die SAGD se opleidingsbasis op Warmbad.

Dit rit na Warmbad was erg. Niks kon die koue uithou waar ons styf teen mekaar agter in die Samil gesit het nie. Ek het my langmou*browns* aangehad, my *browns*trui en ook my grootjas en serp. Die koue het egter onverpoosd deur elke opening in ons mondering gesypel. Elkeen was besig met sy eie gedagtes. Dit sou nie help om te ver vooruit te dink nie, ons het geweet: Elke dag moes op meriete hanteer word.

Na wat soos 'n ewigheid gevoel het, het ons in Warmbad aangekom. Die stene moes eers afgelaai en netjies gestapel word, gevolg deur die drom met diesel (wat byna van die Samil af bo-op my geïndig het!) Daarna moes ons die instrukteurs se voorraad aflaai en na die huis, waarin hulle sou slaap, neem. Ons was veral verbaas oor die groot blok kaas wat vir die Instrukteurs bestem is. Hoe sou die paar instrukteurs soveel kaas kan eet?

Die tente wat ons ingewag het, was 'n aangename oase. Elkeen van ons kon 'n *stretcher* oopslaan. Die res van die dag moes ons wapens skoonmaak, gereed vir die skietoefening die volgende dag.

Die skietoefening het heeldag geneem. Eers kon ons almal skiet om 9mm gekwalifiseerd te word en daarna R5. Diegene van ons wat die nodige tabelle voltooi het, kon dan ook die geleentheid kry om vir ons "balkie" te kwalifiseer. Laat middag moes ons terugmarsjeer na die tente wat baie geduldig op moeë, liggame gewag het. Voor ons kon vertrek, moes ons egter eers 'n *chicken parade* hou, doppies moes opgetel word en enige ander vullis moes opgeruim word.

Luitenant-Kolonel Venter het die geleentheid gebruik om die gedeeltes waar ons alreeds skoongemaak het, te ondersoek. Doppies het bo-natuurlik oral op die deursoekte area verskyn, wat ons laat glo het dat Luitenant-Kolonel Venter verskuilde doppies in sy sakke gehad het. Hy het elke nou en dan 'n doppie opgetel en met volle oorgawe uitgeroep "KO's, julle skuld my!" Ons kon maar raai wat dit sou beteken.

Sondagoggend is ons toegelaat om winkel toe te gaan. Vir oulaas kon ons 'n yskoue Coke drink en 'n sjokolade of twee afsluk. Daar was selfs tyd om 'n koerant te lees, terwyl ons soos wafferse menere (en dames) op die *stretchers* kon lê en ontspan.

Vroegaand is daar plan gemaak om te slaap. Niks kon ons voorberei vir dit wat presies om 00h00 gebeur het nie! 'n Skril fluitjie het ons van ons drome tot die realiteit laat wakkerskrik. Die fluitjie het beteken: meld aan vóór die instrukteurs se huis, geklee in *browns* en met ál die militêre uitreiking in ons besit. Binne 'n paar minute is ons reg aangetree, gereed op wat die nag ookal sou inhou.

Na 'n paar minute, het Majoor McNally, uit die huis verskyn. "Julle is KO's, julle dra nie rang nie. Die tente is slegs vir rangdraers. Wanneer ek julle verdaag, sal jy vir jouself 'n plek in die veld gaan soek om in te slaap. Die tente is buite perke vir enige KO!"

Nadat ons verdaag het, is ons elkeen met sy eie gedagtes oppad na die veld wat onbekend en donker op ons gelê en wag het. Slaapsakke is afgerol, grondseile is grootliks onafgerol gelos, aangesien dit weer, wanneer die fluitjie sou blaas en ons het geweet dat dit sou – opgerol en aan die sak geheg moes word.

Dit was skaars 15 minute later, toe die fluitjie (onvermydelik) weer blaas. Almal moes aantree, sakke moes op rûe geslinger word en wapens om die skouer gehang word. Die instrukteurs se huis het heel verlig uitgestaan en kon van enige plek gesien word. Weer het ons aangetree en gewag. Majoor McNally het weer sy opwagting gemaak. "O, so julle wil nie die grondseile hê nie! In daardie geval soek ek almal se grondseile!" In stilte het ons sakke laat sak en die grondseile afgehaal. Met die inhandiging die realiteit – Nóú, mag dit nie reën nie!

Maandagoggend is vroeg begin deur water te kry vanaf die tenker, te skeer en was en darem ietsie vir ete te maak. Net na 7 het ons almal aangemeld vir 'n inspeksie. Ons moes ons sakke uitpak, sodat daar deeglik gesoek kon word vir enige onwettige items – wat dit ookal kon beteken.....

Diegene wat Dirkies gehad het, het die eerste tot hulle skok agtergekom dat daar geen kondensmelk vir hulle sou wees tydens die tyd in die veld nie. (Teen daardie tyd was selfs die ratpacks sonder Dirkies). Ek het vermoed dat daar 'n inspeksie sou wees en het daarvoor beplan. 'n Handvol Fruktose pille, is in 'n Weermag-pillesakkie gesit. Een van die instrukteurs het daarna gekyk en dit vinnig op die grond, langs die res van my sak se inhoud neergegooi. Op dieselfde manier kon ek ook water steriliseringspille, insmokkel – iets wat handig ingekom het! Ons is die hele dag vertel van water – "om die volgende draai," wat nooit realiseer het nie. Die pille is vinnig in my leë bottel gegooi en die bottel in 'n rivier volgemaak. Daardie aand was die meeste van die kandidate op 'n drip, as gevolg van ontwatering....

Elke aand is ons aangetree en moes ons luister na Judy Boucher se lied, *Two Places*. In die lied gaan dit oor iemand wat na 'n geliefde verlang en alles sou wou doen om eerder by die geliefde te wees. Nadat die lied gespeel is, is ons uitgenooi om van die kursus te onttrek, want hoe kan ons net aan onsself dink terwyl ons geliefdes na ons verlang! Ons is selfs verseker dat ons die aand in die warmte van die Instrukteurs se huis sou kon slaap, 'n lekker warm bed sou hê en 'n heerlike warm ontbyt sou kon eet. Daar is selfs melding gemaak dat ons van die Instrukteurs se kaas sou kry – ek het net teen daardie tyd gewonder watter kaas – aangesien ons verskeie klopjagte geloods het en die kaas geleidelik verminder het......

Die res van die tyd in die veld is deurgebring met *afchop*, hindernisbaan-oefeninge, roete-mars en nogmaals roete-marse. Die langverwagte waterkruising het ook aangebreek. Daar moes vlotte gebou word en ons moes ALMAL die "eiland" in die middel bereik en daarna terugkeer. Wat 'n euforie was dit nie. Die terugry in die agterkant van die Samil, was iets om vir altyd te onthou. Die een kreet na die ander het ons oorwinning verklaar! Die Instrukteurs se reaksie hierop was 'n bosbus – ons moes in gelid agter die bewegende Samil aandraf.....

Ons is op 'n dag almal in die Samil gelaai en langs die pad afgelaai – eerste die dames ongeveer 3 km van die tydelike basis af en die mans ongeveer 7 km. Ons het 'n sekere tyd gehad om terug te wees en het die elektriese pale langs die pad gebruik as 'n manier om ons tyd te bereken. (Moenie vra nie, maar dit het gewerk) Met ons terugkoms, het die dames vir ons by die hek ingewag en toegejuig.

Daar was ook tye wanneer dit net jý, jou Bybel en die veld was, tye waarin jy kon introspeksie doen en oor die sin van die lewe kon dink...

Ons laaste aand is afgesluit met 'n braai en verskeie blikkies, goue "koeldrank." Die wonderlike gevoel van "ons het dit gemaak," is vinnig weer verander toe ons in die middel van die nag met 'n fluitjie wakker gemaak is. Die rede: Ons het skynbaar nie die Bevelvoerder bedank vir die vleis en die drinkgoed nie!

So het die laaste dag dan ook aangebreek met die wete dat ons dit "gemaak" het. Gou moes ons uitvind dat daar nog 'n paar verrassings wag, hoe dan anders?

Oppad terug vanaf die basis, het ons by Checkers op Warmbad, die geleentheid gehad om iets te ete te gaan koop. Ek het my verbaas dat die kliënte by Checkers voor ons padgee – ek het eers gedink dat hulle bang was vir ons, aangesien ons tot die tande bewapen is, maar gou agtergekom dit het meer met ons stank te doen!

Terug in die Samil het ons mekaar se aankope vergelyk: 'n 2 Liter Coke, 6 vars broodrolletjies, 'n groot Cadbury sjokolade en 'n paar Rand se ham.... Ironies hoe ons byna almal dieselfde hunkering gehad het.

Ek is ewig dankbaar vir die tyd wat my gegun is om die JL's mee te maak. Nie net het dit my so baie van myself geleer nie, maar het ek vriendskappe gesmee, waaroor ek vandag nog dankbaar is – *Brothers (en Sisters) in Arms*!

Formele ete

Diegene wat in die Weermag was, sal weet dat die Weermag vol tradisies is. Daar was, onder andere, die sogenaamde PAG drankie wat by die Prince Alfred's Guards gedrink was: Port, Anys Likeur en *Gin*. Sommige kere het dit gevoel asof Weermag tradisie aan die fanatiese grens.

Een van die wonderlikste tradisies was egter die Formele Ete. Dit was 'n tyd om netjies in jou menasiepak geklee te wees, so asof jy James Bond was.

Dit was asof elke Formele Ete dieselfde patroon gevolg het – kom ons noem dit maar die formele (wat die Weermag van jou verwag) en die informele roete – hoe die aand eintlik verloop het. Ek het die geleentheid gehad om op verskeie standplase sulke Etes by te woon en agtergekom dat daar 'n goue draad deur almal loop. Die Weermag se idéé was 'n aand gevul met etiket en tradisie wat uit vergange se dae kom, die deelnemers se idéé was egter meer gekoppel aan vloeibare verversings en die gepaardgaande loskoppigheid!

Dit was nie ongewoon vir deelnemers om 'n uur of wat vroeër as die afgekondigde tyd by die Menasie op te daag en in die kroeg vas te haak nie. Elke Ete het ook gewoonlik uitgeloop op 'n kosgooiery, meestal ertjies en soetwortels, maar krewe en groter grofgeskut, het soms ook oor tafels heen, na 'n onbeplande bestemming koers gekry.

Elke persoon is met arendsoë dopgehou – veral sodat daar na die tyd, die nodige boetes opgelê kon word. Dit was veral hierdie boetes wat uitgeloop het op daardie informele uitkoms wat nie in enige Militêre regulasie, rakende Formele Etes, gevind sou word nie.

Daar loop 'n storie dat die Sekretarisvoël, wat by PD Skool gepronk het, gereeld herstel moes word. Die voël se dun metaal beentjies kon klaarblyklik nie die logge liggame, gevul met 'n oordosis van Bacchus se sous, na so 'n Ete dra nie......

By een so 'n Formele Ete, het Johan, 'n Senior Offisier, my aandag getrek. Hy het my met glasige oë aangekyk en strompelend verby my geloop. Sy menasiepak se baadjie het 'n groot vlek op sy linkerbors gehad. Hy het 'n kreef in sy baadjie se sak gehad en die tentakels by die baadjie laat uitsteek. "Bravo een zero, kom in…." Hy het die kreef as 'n tweerigting radio "gebruik." Met die dat hy weer oppad kroeg toe is, hoor ek hom weer: "Bravo een zero, ons trek vuur van posisies aan ons linkerflank…"

Om 'n Formele Ete by te woon, was nie brein chirurgie nie. Jy moes niks doen nie, net opdaag. Reeds weke voor die tyd, is die Kommandementsorders ontvang waarin almal van die komende Formele Ete meegedeel is. Die Menasiepakke moes uit die mottegif gehaal word (en ontreuk word), daarna is die miniatuur medaljes skoongemaak, die res van die koper – knope, gespes en so meer, blink gepoets. Die luukse *Bally*-skoene is ook bygekom met 'n goeie laag politoer en blink gevryf.

Gewoonlik was dit dan net 'n situasie van "daag op-geniet-vertrek" wel, behalwe as jy Menasie President is. Ek het die geleentheid gehad om daardie rol een keer in my 10- jaar lange militêre loopbaan te kon vervul. Ek dink die sjefs het my sien aankom, want hulle wou ál hulle werk, behalwe vir die fisiese gaarmaak, aan my afsmeer.

Ek het 'n mislike oproep van die Kwartier Meester (KM) gehad. "Waarom bestel julle so baie *green peppers*? Waarom soveel kilogram se bief?"

"Ek het geen benul van hoeveel bestel moes word nie en het volgens die sjefs se aanbeveling gewerk," was my verweer. "Daai %^$#^ *"fitters-en-turners"* vat 'n kans." (Ek het eers heelwat later gehoor dat dit 'n spotnaam vir die sjefs was.....)

Die aand van die Formele Ete het aangebreek. Dit was elke keer 'n voorreg om geklee in die formele Menasiepak, by die venue op te daag. Hierdie keer was die venue agter die Port Elizabeth Lughawe, by 16 Genie se Menasie, gehou. Met die aankoms was die eerste stop die

Kroeg. Die hoogste rang is geïdentifiseer, gegroet en gevra "om aan te sluit." Daarna het die eerste drankie(s) gevloei.

Ek het eenkant gestaan en gesels met van my kollegas toe Jorrie Loots opdaag. Hy was maar skaars 'n jaar in die Mag en sou vanaand sy eerste Formele Ete beleef. As *IT*-offisier, was hy nie baie aan die Weermag se moets-en-moenies blootgestel nie, derhalwe al die vrae. Wanneer jy Jorrie sien aangeloop kom na jou kant toe, moes jy maar weet – hy gaan vrae vra. Ons het geglo dat hy 'n patalogiese vrees gehad het om mense teleur te stel.

Hy het reguit na die hoogste rang geloop, netjies "gehalt" dat jy hom, wie weet waar, kon hoor (waarom hy dit gedoen het, sou net hy weet) en al hakelend gevra of hy mag aansluit. Hy is daarna na die kroeg – nie dat iemand hom enige tyd tevore iets sien drink het nie. Hy het by ons aangesluit – "Het ek reg gemaak om so te halt?" "Jorrie, ou maat, sê Luitenant-Kolonel Grové, jy moenie die lewe so ernstig opneem nie!"

"Ons moet deurgaan!" kom die opdrag. Vinnig word die laaste voggies in die glase weggesluk. Jorrie kyk om hom rond, heeltemal onseker oor wat hom te doen staan. Hy sien die ander wat hulle glase ledig en sluk die inhoud van sy glas weg. "Wat drink jy Jorrie?" vra Luitenant-Kolonel Grové. "Ek het gesien almal by die toonbank drink Rum en Coke, toe bestel ek ook 'n dubbel." "Het jy al voorheen Rum gedrink, Jorrie?" vra Luitenant-Kolonel Grové. "Nee, Kolonel, dis my eerste keer." Luitenant-Kolonel Grové het na ons groepie gekyk en skelm geglimlag.

Die ete het sy gewone gang gegaan. Elke beweging is met arendsoë dopgehou, sodat daar boetes aan die einde van die aand uitgereik kon word. Ons het geweet dat daar twee dinge is om soos die dood te vermy – Moenie opstaan nie en moenie die vertrek verlaat nie! Ongelukkig was dit iets wat Jorrie nie geweet het nie. Halfpad deur die ete, het hy onverwags opgestaan en na die Menasie President geloop, glo om te vra om verskoon te word, aangesien die Rum en Coke sy blaas effe vol gemaak het. Dit sou natuurlik uitloop op 'n boete – dit kon ons weet.

Jorrie het ook ietwat drooggemaak toe die Port geskink en aangegee moes word – weereens het die arendsoë van die Menasie President niks misgekyk nie....

Met al die glase wyn, "wit saam met die vis en rooi saam met die bief," die Port en die voorafgaande dubbel Rum en Coke, was Jorrie in 'n baie "opgewekte" bui. Met die aansteek van die sigare, het hy ook een geneem en dadelik aangesteek – tot groot ontsteltenis van die Menasie President. Dit sou 'n moeilike aand verder vir ou Jorrie wees.

Nadat ons die lokaal verlaat het, moes ons na die voorportaal gaan waar die tradisionele likeur gedrink is. In ons Kommandement se geval, was dit meestal Pepperment Likeur. Die tradisie was voorts dat die persoon wat die eerste keer 'n Formele Ete bywoon, die voorreg sou hê om die skinkwerk te doen. Die uitdaging egter was dat al die glasies teenaan mekaar gesit sou word en dat die skinker die skinkwerk moes doen in een beweging. Enige glasies wat té min in geskink was, of wat oorloop, moes deur die skinker in een teug, gesluk word.

Arme Jorrie het al giggelend die bottel in sy hande geneem en sonder om te lank te wag, begin om te skink. Met al die vloeibare verversings in sy sisteem, was dit nie die maklikste ding om te doen nie.

Nadat al die skinkwerk gedoen is, het die Menasie President die glasies noukeurig besigtig. "Jorrie, daar is 13 glasies wat nie aan my standaarde voldoen nie, laat jy begin!" Jorrie het nie dadelik besef dat dit 'n opdrag was nie, maar het na aansporing en aangevuur deur die aangluur van die Menasie President, die glasies begin wegsluk.

Jorrie was nie eers halfpad nie, toe begin sy sisteem ernstig appél aanteken. Die laaste paar glasies het maar stadig gegaan, maar uiteindelik het hy die laaste glasie neergesit, terwyl hy vir 'n oomblik die applous van die skare ingedrink het.

Ons het die likeurs gedrink voor die boetes aangekondig is. Jorrie het weer die kortste stokkie getrek. Hy het 'n elle-lange lys van oortredings gehad en moes sy beursie diep skud.

Oudergewoonte sou almal na die kroeg-area teruggaan om 'n laaste drankie te kry, of om net te groet. "Jorrie, hoe lank is jy en jou vroutjie nou getroud?" vra Kaptein Ehlers. "*Sesh* maande...," hoor ek hoe Jorrie antwoord. Die nagevolge van sy onkunde, begin hom nou blootsry.

Ek het nog 'n rukkie gekuier voordat ek die pad terug na die Basis, waar ons gewoon het, moes ry. Die pad was verlate, baie donker en het om die lughawe se aanloopbaan geloop. Ek het minder as 'n kilometer gery, toe ek 'n voertuig skuins oor die pad sien staan het. Ek het gestop en uitgeklim. Jorrie het gebukkend langs die kar gestaan en homself probeer stut teen die kar. Hy het altans, dis hoe sy Menasiepak lyk, 'n hele paar keer opgegooi. "Jorrie, jy kan nie verder ry nie." sê ek. "Kom, klim in my kar dan neem ek jou huistoe." Hy wou nog stry maar het gehoorsaam na die bestuurderskant van my kar geloop. "Nee Jorrie, jy kan nie met my kar ry nie, gaan klim anderkant in! Jy moet my ook sê as jy weer wil siek word, want jy gaan níe siek word in my kar nie, hoor jy my?!"

Ek het met Jorrie se "hulp" tot by sy ouers se huis gery en hom die huis binnegehelp. Hulle kon nie glo hoe hy lyk nie. "Jors (skynbaar sy ma se troetelnaam vir hom), jy sal hier moet oorbly. Jou vrou kan jou nie so sien nie." "Ja, bly hier, ek sal vir haar bel en sê dat jy iets geëet het wat nie akkodeer met jou nie...." het sy pa vinnig bygevoeg.

Twee dae later loop ek vir Jorrie raak. "Hoe voel jy, Jorrie?" Jorrie het my baie skaam aangekyk. "Het ek my naam weggegooi?" vra hy uit gewoonte. "Nee wat. Het jou vrou jou toe by jou ouers kom haal?"

Hy het my weer skaam aangekyk. "My ouers het haar laat weet dat ek iets geëet het wat nie met my akkodeer het nie..... Sy het my in die toilet aangetref en net een kyk gegee en toe gesê – ek dink eerder jy het iets gedrink wat nie met jou geakkodeer het nie.........!"

'n *"Holy"* kar

Ek het in 1998 'n aanstelling as Besturende Direkteur van 'n Sendingorganisasie in Potchefstroom gekry. Alhoewel die titel baie aanneemlik geklink het, was daar een nadeel – die pos het geen salaris gehad nie. Ek sou op myself aangewese moet wees, terwyl die organisasie darem vir ons gratis huisvesting op 'n plot voorsien het.

Ten einde ons verhuising 'n realiteit te kon maak, moes ons verskeie opofferings maak. Een daarvan was dat ons ons enigste motor, 'n redelik nuwe Opel Astra, met allerhande luukshede, sou moes verkoop. Ons het duidelik geweet dat ons nie die maandelikse paaiement sou kon bekostig nie. Daar was net een uitweg: Verkoop die Astra en kyk uit vir 'n goedkoop voertuig...

Iemand vertel ons net daarna dat 'n vriendin van hulle 'n baie bekostigbare motor te koop het. Nie lank daarna nie, het ons na die motor gaan kyk. Aangesien ons vrede gemaak het met die afstaan van die luukse Astra, het die voertuig waarna ons gaan kyk het, ons nie te veel verbaas nie.

Voor ons het 'n 1979 Volkswagen Golf I gestaan, dit was oral oortrek met roes en het alreeds byna 300 000 km afgelê. Ek het, saam met iemand wat iets van voertuie weet, op 'n kort rit gegaan. My vriend het niks afbrekend gesê nie, net gesê dat ons nie veel meer kon verwag het nie.

Nadat ons 'n bietjie afslag gekry het, het ek die R3000 kontant betaal en die trotse eienaar van die Golf geraak. Die eienaars sou dit nie weet nie, maar hierdie Golf sou kultus status behaal....

Nadat ons 'n bietjie op die ooppad gaan ry het, het ons ondervind dat gasse vanaf die geroeste knaldemper, deur 'n klein roeskol, onder die bestuurder se stoel, deursyfer. "Die kar moet 'n nuwe knaldemper kry," het ek my vrou meegedeel. "Gaan dit baie kos?" vra sy. "Ons sal maar moet sien." sê ek.

Ek het uitgevind dat 'n spesifieke maatskappy die goedkoopste was met knaldempers en het na hulle gery. Min het ek geweet dat hulle

Moslems was, wat 'n baie interessante gesprek uitgelok het toe een van die personeel vir my vra wat ek vir 'n lewe doen. Ek het prontuit gesê: "Sendeling" en gewag op sy reaksie.

Terwyl die kar nog in die lug was, het ek onderdeur geloop en na die vloer en res van die onderkant gekyk. Ek het in my fisiese oë net roes en potensiële probleme gesien. In my geestesoog het ek egter God se voorsiening gesien.

Nadat die knaldemper, wat nou vervang móés word, vervang is, het ek die rekening gekry. "Jy sal sien dat ek jou 10% afslag gegee het." "Baie dankie," sê ek. "Iemand wat so baie geloof het om met so 'n kar, só ver te ry, moet afslag kry," het die eienaar gesê en vir my geglimlag.

Dit het ons genoop om die Golf te doop – Hy sou voortaan die *Holy* kar heet – nie net oor sy waardige geestelike sy nie, maar ook oor die hele aantal gate (*holes*) wat die kar deurtrek het – *Holy* of *Hole-y*, dit was sy naam, afhangend van die omstandighede.....

Op 31 Augustus 1998, om 19:00 het ons, nadat ons ons familie gegroet het, die lang pad na Potchefstroom aangedurf. Die Golf was gelaai met ek en Vroulief, twee seuns, 'n kat en 'n verkleurmannetjie. Die pad na Cradock het byna 4 ure geneem. Ons kon nie vinniger as 90 km/h ry nie, andersins het die Golf te veel geskud. Petrol is ingegooi, bene is gerek en die pad is verder aangedurf.

Net voor Steynsburg, het Mickey, ons *Maine Coon* kat, begin miaau. Tot op daardie stadium het sy lekker op my skoot gelê. (en soms die verkleurmannetjie met groot belangstelling aangegluur). Wat my verbaas het, was dat sy geensins op die medikasie, wat haar lomerig moes maak vir die langpad, gereageer het nie. Tasco, ons volbloed *Alsation,* het nie eers 5 minute gehou nie, toe is hy in droomwêreld.

Ek het afgetrek naby die gholfbaan en haar uit die kar getel. Sy wou seker maar haar blaas, wat nou alreeds vol moes wees, ledig. Dit was egter die laaste ding op haar gedagte. Sy het van graspol tot graspol geloop en daaraan geruik. Ten einde laas, net voor my geduld begin opraak, het sy met 'n spoed weggetrek en onder die heining van die elektriese substasie verdwyn. Sy wou nou speel!

Ons het alles probeer om haar te oortuig om haar nonsens te los en terug te keer na die kar. Na wat soos 'n ewigheid gevoel het, het ek vir Vroulief gesê – "Lyk my ons gaan haar net hier moet los!" Ons het weer geroep en gesmeek. Sy het langsaam, soos net 'n eiewillige kat kan, teruggestap na die heining en nog stadiger deurgekruip.

Teen daardie tyd was ek nie meer lus vir haar speletjies nie en het ek haar hardhandig gegryp en in die kar gesit. Ons het weer die pad aangedurf, die koue van die nag, die pikdonker onbekende in....

Ongeveer 20 km verder het sy weer begin miaau, hierdie keer baie meer intens. Daar was net een genade – ek sou weer moes stop en hierdie keer – sonder die luukse van 'n dorpie (hoe gering ookal) se liggies, vir haar die geleentheid moes gee om haarself te verlig.

Weer het sy dieselfde *modus operandi* gevolg – ruik-ruik van pol tot pol en toe vat sy pad, die donker nag in. Daar was geen ander voertuie in die omgewing nie – dus het ek nie bekommerd geraak dat sy doodgery sou word nie. Wat my egter hewig ontstel het, was dat sy dalk hier sou moes agterbly. Daar was nie 'n manier om te weet waarheen sy gehardloop het nie – en buitendien – hoe kom ek oor die heinings langs die pad?

Nog 'n ewigheid en drie gryshare later, het ek 'n beweging uit die hoek van my oog gesien – dit was Mickey! Sy het weer probeer om na die anderkant van die pad te hardloop, maar ek was haar een voor: Ek het haar op die grond vasgedruk en vinng opgetel – reguit kar toe.....

So het ons die pad weer aangedurf – die koue het al hoe hewiger geword en tot my ontsteltenis – hoe kon ek anders verwag het – die kar se verwarmer het nie gewerk nie. Die pad sou lank wees – of eerder langer word.

Ongeveer 60 km vanaf Bloemfontein, het ons groot toets gekom. Ek en Vroulief moes elke paar kilometer, plekke ruil, aangesien ons teen daardie tyd so moeg was, dat ons letterlik aan die slaap geraak het agter die stuurwiel.

Ek het wakker geskrik van 'n metaalklank en die ergste vermoed. Vroulief het ook baie benoud na my gekyk. Ons het sopas Bultfontein binnegery, daarvan was ek seker. Die oorsaak van die metaalklank, was een van ons wieldoppe wat afgespring het en probeer het om ons verby te steek....

Ons het darem verder sonder verdere voorvalle gery en (heelwat later as wat ons gedink het) Potchefstroom binnegery.

Teen die laat middag, het ons die trok afgelaai en kon ons 'n bietjie gaan rus, altans dit was ons plan, maar Mickey was skoonveld.

Ons het oral gesoek, binne en buite die huis, tussen die lande, onder die kar, maar geen spoor gevind nie. Dis toe een van ons seuns sy hangkas oopmaak, dat hy Mickey vind. Sy het regop gesit, maar een van haar oë se pupille, was normaal, groot en rond en die ander een, 'n fyn skrefie. Die pil het nou eers begin werk.......

Die "Holy" kar ry weer

Ons was ongeveer drie maande in Potchefstroom, toe die Legende, die *Holy* kar, sy eerste ernstige nukke begin wys het. Teen daardie tyd het die *Holy* kar begin om naam te maak – alhoewel nog ver van die legende-status af wat dit nog sou bereik, maar hy het werklik oral bekend geword. Soveel mense het net een kyk gegee en gevra: "Het julle al die pad vanaf Port Elizabeth gery met daardie kar?"

Ek het een oggend die kinders skool toe geneem. Ons het skaars 'n kilometer gery, toe die onverwagte gebeur: Ek was besig om 'n melktrok verby te steek en het 'n laer rat gekies vir meer krag. Die volgende oomblik het ek met die ratstok in my hande gesit. Dit het morsaf gebreek! Gelukkig kon ek aansukkel tot by 'n vriend wat 'n motorwerktuigkundige was. Hy het net een kyk gegee en sy kop geskud.

Later die middag, het ek weer die *Holy* kar teruggekry. My vriend, Naas, het die ratstok eenvoudig teruggesweis.

My skoonpa het onverwags siek geword. Ons moes dringend die lang pad na die Oos-Kaap aanpak – en dit met die *Holy* kar. Weereens het verskeie persone vir ons gesê dat ons dit nie eers moet probeer met die *Holy* kar nie. "Julle gaan langs die pad sit," "Julle waag julle lewens," so het sommige van die negatiewe sprekers ons probeer ontmoedig. Wat hulle egter nie wou besef nie, was dat die *Holy* kar, Godgegewe was. God het elke keer voorsien. Ons kon elke dag Sy hand sien oor die kar.

Die rit na die Oos-Kaap, ongeveer 970 km verder, het sonder veel insidente verloop. Die skoonfamilie het laat weet dat my skoonpa buite gevaar verkeer, wat ons planne ietwat laat aanpas het. Ons het besluit om eers Port Elizabeth toe te gaan vir 'n paar dae, om darem my ouers ook te sien en sou daarna na my skoonpa gaan. 'n Gemeente het my ook versoek om die Sondagoggend by hulle op te tree.

Na die diens, het vriende vir ons gevra om by hulle te kom koffie drink. Dis hier waar die moeilikheid begin het. Ongeveer 'n kilometer voor hulle huis, het die koppelaar versuim om te werk. Die kar was in tweede rat en kon nie op of af beweeg nie. Ek het net daar besluit om na my swaer, wat 'n meester is met karre se enjins, te gaan vir hulp.

My swaer het die ernstige nuus met my gedeel – Die plaat tussen die kajuit en die enjin is vrot geroes. Die uiteinde is dat die koppelaar se kabel nie meer kon vasskop nie en derhalwe, kon die koppelaar nie werk nie. Hy het lank daaroor nagedink en op die ou einde besluit om 'n plaat te maak om die koppelaar se kabel, weer te kon laat vasskop. Makliker gesê as gedaan, maar aanhouer wen! 'n Uur of drie later, kon ek die *Holy* kar weer in trurat sit en die pad vorentoe met effe meer vertroue aanpak.

'n Dag later, het ons die pad na Fort Beaufort aangedurf. 'n Uur langer as gewoonlik, maar ons kon in een stuk daar aankom. Die kuier, en die biltong, was baie lekker. Dit was ontsettend belangrik om die tydjie saam te kon hê, al het die afskeid – en die lang pad wat voorlê – soos 'n bakkop slang lê en wag.....

Ons het die dag van die terugreis, alreeds 4 uur die oggend vertrek. Dit was 'n wonderlike belewenis om die donker, eers in skemer en daarna in helder lig te sien oorgaan. In Queenstown, het ons gestop om bene te rek – en om die kar vol te maak. Die roete sou ons daarna – oor die Penhoek-pas, via Aliwal-Noord, Smithfield en Reddersburg na Bloemfontein neem. Die enorme landskap rondom die Penhoek-pas, wat gewoonlik in die Winter met sneeu bedek is, die wonder van die Oranjerivier en die Vrystaatse landskap, was iets om in te neem.

Soos ons nader aan die Penhoek-pas se kronkels kom, het ek al hoe meer gesukkel om die stuurwiel te draai. Op 'n geleidelike draai, was dit nie 'n probleem nie, maar op skerp draaie, moes ek regtig baie hard draai om die kar in die verlangde rigting te stuur. Ek het geweet dis nie lewensgevaarlik nie, dalk net die stuurmeganisme wat "droog" is?

Op Reddersburg, het ons oudergewoonte weer vir 'n rukkie gestop. Ek het na die petrol se naald in die *Holy* kar gekyk. Dit het alweer vasgesteek. Dit wys die kar is nog vol, terwyl die 321 km, wat ons sedert ons Queenstown verlaat het, die realiteit laat deurskemer.

Ek het die petrolkap oopgemaak en die petroljoggie gevra om die kar vol te maak. Hy wou nog 'n geselsie aanknoop, toe die petrolpomp stop. "Jy het seker 'n *air lock*," sê hy. "Dis 'n nuwe nuk," is al wat ek kan uitkry.

Hy het weer probeer, maar die pomp het weer gestop. Hy het die pyp stadig uitgetrek en weer probeer. Dieselfde het gebeur. Dis asof die *air lock* net nie wou sak nie!

Na vele probeerslae, het hy sy vinger in die opening gedruk, dit stadig uitgehaal, daarna gekyk en toe 'n lang uitgerekte fluit gegee. Ek wou amper negatief begin dink, toe hy my verlos van die versoeking..... "Meneer, waar het jy laas volgemaak?" "Ek het in Queenstown volgemaak," sê ek. "Is Meneer baie seker?" "Ja, ek sal vir jou die strokie wys....."

"Meneer, ek weet nie hoe om dit te sê nie, ek het dit nog nooit gesien nie en ek wil ook nou nie vir meneer 'n *liar* maak nie, maar die kar is nog vol.....!"

Ek het niks gesê nie en na Vroulief gekyk wat nou ook by ons aangesluit het. Al wat ons kon uitkry, was 'n skelm laggie en 'n, "Prys die Here!"

Ons het vandaar verder gery – sonder enige insidente – en by Tom's Place, ons gewone volmaakplek net buite Bloemfontein, gestop. Terwyl die ander badkamers toe is, het ek rustig by die petrolpomp gesit en wag.

Dit was weer goed om in Afrikaans gegroet te word. "Moet ek volmaak, Meneer?" Ek het na die joggie gekyk. Hy het geglimlag, wat verraai het dat hy minus 'n hele paar tande is. JOHN, sien ek op sy naamplaatjie. "Waarom is byna al die joggies se naam, John?" dink ek.

"Ja, jy kan maar volmaak, maar wees asseblief versigtig, die kar het 'n *air lock*, sê ek. In my binneste hoop ek egter op dieselfde nuus as op Reddersburg. John het die pomp aangeskakel en begin om die petrol in te tap. Na ongeveer 30 sekondes, skop die pomp weer, net soos op Reddersburg, af. "Seker die *air lock,*" sê John. "Ek dink dis iets heel Groter," sê ek egter.

Weer probeer John en weer gebeur die (on)verwagte. Die pomp stop weer. Hierdie keer is ek die een met die wysheid (van Reddersburg se insident). Ek steek my vinger lomp in die bek van die tenk in en begin hard lag toe ek die koel vloeistof voel. Die *Holy* kar is nog STEEDS vol.

"Toemaar," sê ek vir John, "Hy is nog vol." John het my vraend aangekyk. Ek het egter besluit om dit net daar te laat en te betaal vir die paar Rand wat ingegooi is voor die pomp verseg het om verder te werk.

Vroulief en die seuns het ook alreeds weer by my aangesluit, waar ek agter die stuurwiel sit en ritmies op die stuurwiel tik. Sy het 'n groot pak slap-*chips* by haar gehad en die kinders 'n paar botteltjies koeldrank.

"Heng, maar die plek se kos is duur!" sê Vroulief toe sy langs my inskuif. "Toemaar, ons kan dit bekostig," sê ek. Sy het my eers vraend aangekyk en toe begin lag. "Is hy nog vol?" "Ja, prys die Here," sê ek, "hoe dan anders.....?"

Ons het gelag terwyl ek die kar draai – met baie moeite, aangesien die stuurwiel byna nie wou draai nie. Ek het die *Holy* kar in die rigting van Kroonstad gedraai en weer op die N1 aangesluit. Net buite Bloemfontein het ons die pad na Bultfontein geneem – en daarna na Potch!

Dit was laat middag toe ons Viljoenskroon binnegaan. Ek het weer na die petrolwyser gekyk. Dit het vibreer tussen die F en die ¾ merk. "Moes ek stop en net weer kyk wat die petrolsituasie is?" Ek het ingedraai by 'n petrolstasie, gereed om die onmoontlike wat ons so intens beleef het, as die norm te herleef.

Dit was seker hier waar die verwaandheid van my gedagtes die noodlot bepaal het. My verwagting was dat dit weer, soos voorheen, vol sou wees. Die *Holy* kar het egter 'n baie groot dors gehad. Die tenk was dolleeg. Ek was teleurgesteld dat ek nou moes betaal – maar hoe sou ek dit aan ander kon verduidelik sonder om mal te klink??

Vroulief het, (effe teensinnig), die joggie betaal, terwyl ek badkamer toe is. Ons het die laaste paar kilometer na Potch aangepak en stiller as gewoonlik, gewag op die pad om ons na Potch te lei.

Ek het die volgende oggend met my buurman gaan gesels, net om te hoor of alles reg was terwyl ons in die Oos-Kaap was. Ek het hom ook vertel van die stramheid van die stuurwiel. "Laat ek gou kyk," sê hy. Ek het die enjinkap oopgemaak. Terwyl ek in die *Holy* kar sit, gee hy – net soos soveel kere vantevore – 'n lang fluit. Ek het na hom gestap en gesien hoe hy, asof diep geskok, na die enjin kyk.

"Die *cover* van jou stuurmegaisme is heeltemal weg! Al die ratte van die stuur is kurkdroog, dis g'n wonder dat jy so gesukkel het om te draai nie!" Hy het na die garage gestap en teruggekeer met 'n blikkie ghries, die ratte dik gepak daarmee en die stuurwiel heen en weer gedraai. "Daar is hy, hy draai nou weer soos 'n nuwe kar."

Hy was 'n diep gelowige en ek het gevoel dat ek die insidente met die *air locks* met hom kon deel. Hy het aandagtig gestaan en luister en dit opgevolg met "ek glo die engele het julle al die pad gestoot tot hier....."

Sending

As kind het ek op 'n dag my ma hoor sê dat die bediende wat agter ons gewerk het, Bettie, baie arm is. My ma kon nie glo dat die inwoners haar so min betaal het as wat sy gesê het sy kry nie. Ek kon net nie aanhoor hoedat sy, wat my elke dag so mooi gegroet het en met 'n glimlag beloon het, arm moes wees nie. Ek het nie regtig geweet wat armoede is nie. Ja, ons het as gesin nie alles gehad wat ons nodig gehad het nie, maar ons het kos en klere gehad.

Ek het na my ma se beursie gaan soek. Met die oopmaak, val 'n pers R5-noot uit. Hierdie R5, sou sekerlik vir Bettie uit armoede kon red, altans, so het ek gedink. Ek het die R5 mooi opgevou en deur die huis na die agterste heining gestap. Daar het ek vir Bettie geroep soos my ma haar altyd geroep het: "Bettie, kom hier!"

Bettie het by die huis se agterdeur uitgeloop en my dadelik herken waar ek teen die draadheining gelê het. Haar glimlag het van oor tot oor geloop. Ek het die *dimples* in haar wange gesien, dieselfde *dimples* wat ek vroeër "gaatjies" genoem het, maar wat my ma my vinnig reggehelp het, "Dit is nie gaatjies nie, dis *dimples*..."

"En waarom roep jy my?" het Bettie gesê toe sy nader aan die draad loop. "My ma het gesê ek moet dié vir jou gee," sê ek en steek vinnig die R5-noot deur die draad na haar uit. "Het jou ma gesê dis vir my?" vra sy. "Ja, dan is jy nie meer arm nie," sê ek vir haar.

Bettie het baie dankbaar die geld uit my klein handjies geneem. Ek het vinnig om die huis geloop, sodat niemand my kon betrap na my heldedaad nie.

'n Paar minute later, of dalk ure later, tyd is mos maar baie relatief vir 'n 5-jarige, roep my ma my. "Het jy vir Bettie R5 gegee en gesê dat ek dit gee?" Ek het my ma baie versigtig probeer ontleed. Hierdie goeie daad kon my basvelle sommer baie laat brand en die avokadopeerboom, waarin ek vele keer toevlug in kon neem, was te ver......

Ek wens ek kon sê dat ek kon onthou dat ek bereid was om my pak soos 'n man te kon vat, maar helaas, die vooruitsigte van 'n pak slae, was nie goed nie. "Nee Mamma,", was al wat ek kon uitkry. "Moenie jok nie", het sy vir my gesê. "Bettie het my geroep en gesê dat jy die geld vir haar gegee het." Daar was geen wegkruipplek nie. Ek het begin huil. "Ek is nie kwaad vir jou nie, Bettie het dit teruggegee."

Daardie aand het Dominee de Vos, ons kom besoek. Ons moes ons beste voetjie voorsit. Nadat ons hom moes gaan groet, moes ek en my suster, wat net so oor die 2 jaar was, gaan slaap. Die "grootmense" sou dan op hulle eie gesels oor goed waarvan 'n 5-jarige blykbaar nie hoef te weet nie.

Voordat ek egter gaan slaap het, besluit my ma om die storie van Bettie en die R5-noot met Dominee de Vos te deel. Hy het baie ernstig na die vertelling geluister, terwyl hy telkens na my geloer het oor sy swartraam bril. Hy het 'n slukkie koffie geneem en na my gekyk. "Jy gaan eendag 'n sendeling wees.....," het hy gesê.

Die lewe het mos maar 'n nuk om draaie te loop. Kiloliters water, is onder die brug deur, voor ek weer op 'n dag sy woorde onthou. Ek was besig om oor my bril na 'n kopie van my Doktorale tesis te kyk. In daardie split van 'n sekonde, het die woorde van Dominee de Vos, weer by my opgekom. Ek kon in my gedagte weer sien hoe hy oor sy bril na my kyk en genoem het dat ek 'n sendeling sou wees.

Voor my, op my lessenaar, het 'n menigdom boeke oop gelê. Party boeke was met verskillende kleure onderstreep, plakkertjies het as plekhouers gedien en notas het hul eie hopie gevorm.

Langs die tesis, het korrespondensie en 'n gids van die Universiteit gelê. Op die gids was die woorde, *Missiology (The Science of Missions) Faculty,*" groot gedruk.

'n Paar jaar later, sou ons as gesin, ons eerste sendinguitreik saam beleef. Ons was lidmate van 'n Gemeente in Potchefstroom, wat jaarliks geleenthede gebied het om sendinguitreike te kon meemaak.

Ons sou as die enigste groepie van ons Gemeente aansluit by die buurgemeente, wat 'n uitreik na Namibië sou hê.

Ons het 'n paar maande, elke Sondagaand ná kerk, by die buurgemeente se pastorie aangemeld. Daar sou ons die moets-en-moenies van 'n sendinguitreik kon aanhoor, planne sou gemaak word oor watter rol elkeen van ons sou hê en belangriker nog, ons sou mekaar beter kon leer ken.

Daar was 12 persone, benewens ons gesin, wat die uitreik sou meemaak. Soos dit maar is, neem sekeres dadelik 'n plekkie in jou hart op. Chris en sy vrou Petro, was heelwat ouer as ons, maar het dadelik diep in ons harte gekruip. Hy was gedurende daardie tyd nog 'n strawwe roker, iets wat Petro vir ons verseker het, voor die reis van Namibië, iets van die verlede sou wees. Chris het moedig probeer, maar elke Sondag bely dat hy weer geval het voor die versoeking. Soms het hy net 'n dag uitgehou, soms byna die hele week, maar dan sou die *nikotien-demoon*, soos hy dit genoem het, die oorhand kry....

Oom Flippie daarenteen, was een van die ongeslypte ysters op ons pad. Sy naam het my altyd laat dink aan iemand wat baie vriendelik was en wat, sonder veel aansporing, diep uit sy binneste kon lag. Dit was egter nie die geval nie. Hy was, tot voor sy aftrede, 'n takbestuurder by 'n meubelmaatskappy. Hy was baie stroef en het elke Sondag probeer om die sessie oor te neem, met vertellings oor sy roemryke loopbaan.

Tydens een van die sessies, het Dominee Gawie, wie ons uitreikleier was, genoem dat ek, my vrou en die kinders 'n kamer sou deel. Die res sou op verskeie plekke in die kerkie op Okakarara, hul intrek neem. Dominee Gawie self het die preekstoel se vloer, as sy slaapplek geannekseer.

Oom Flippie was nie baie geneë met die reëling nie. "Kyk Dominee, ek is 'n ou man, ek kan nie 'n plek met iemand anders deel nie." Later het hy gekla oor die program, soms oor wie sekere elemente van die program sou aanbied en heelwat later selfs oor die roete wat ons moes ry (al het hy glad nie die paaie geken nie).

Die kersie op die koek was, toe hy skielik op 'n Sondag vir ons aankondig, dat hy vir homself 'n bed bestel het, via sy ou werkgewer. Daar was blykbaar 'n tak in Okahandja. Hy sou die bed en matras in Potchefstroom betaal en dit dat via Okahandja laat aflewer. "Wanneer ons dan daar aankom, sal my bed wag," het hy selfvoldaan gesê.

Terwyl ons huiswaarts ry, sê ek vir my vrou, "Ek weet nie of dit 'n goeie ding is om vir Oom Flippie saam te neem nie. Nie almal is gemaak vir sendinguitreike nie...."

Die oggend van ons vertrek uit Potchefstroom, het ons douvoordag by Dominiee Gawie se Pastorie aangekom. Almal was alreeds vol verwagting vir die dag se reis wat sou voorlê, voordat ons die aand in Gobabis sou oorslaap.

Die tasse is gepak en die Kombi se neus in die rigting van Namibië gestuur. Almal was reg, gepak en gereed vir die vertrek. Almal, behalwe Oom Flippie, wie nog nie aangekom het nie. Ons het tien minute na die afgespreekte tyd begin dink dat hy nie meer sou saamkom nie. Dominee Gawie het egter weer die Pastorie gaan oopsluit en Oom Flippie gaan bel.

Dominee Gawie was nie lank in die Pastorie nie. "Hy gaan nou van sy huis af ry," sê hy. Vyftien minute later daag Oom Flippie op by die Pastorie. Ek gaan help hom om sy tas uit sy kar te tel en dit te gaan laai in die Kombi. "Jy moet versigtig wees," het hy my 'n paar keer gemaan. Ek het die tas sorgvuldig in die Kombi gelaai en die agterdeur toegemaak. "Nee, jy kan nie my tas so pak nie, maak oop die deur," het hy gesê.

Die uiteinde was, dat al die bagasie uitgepak moes word en oorgepak moes word, volgens Oom Flippie se instruksies. Ek het net geweet – Hierdie gaan 'n lang uitreik word....

Die res van die groepie in die Kombi het lekker oor allerhande goed gepraat. Daar was 'n gees van kammeraderie in die Kombi, soos wat ek laas in die Weermag beleef het. Ons gaan wenners wees, het ek in my binneste uitgeroep.

Ons geselsies is egter op 'n gereelde basis deur Oom Flippie onderbreek. Dan was dit te warm en moes die lugversorger aangeskakel word, dan was die lugversorger te koud gestel, dan was die spoed waarteen ons ry té stadig, of té vinnig. Ek kon agterkom dat daar 'n anderse gevoel onder die groepie begin heers het – en dit was nie 'n goeie een nie.

Met ons aankoms op Zwaneng in Botswana, is petrol ingegooi. Oom Flippie sou as oud-takbestuurder, ons finansies op die uitreik hanteer. Dominee Gawie, wie bestuur het tot daar, het gou betaal en die petrolstrokie aan Oom Flippie oorhandig. "Dominee, jy weet dat ons 20% meer brandstof gebruik het omdat jy so jaag!"

Daar het 'n immuniteit teen Oom Flippie se tussenwerpsels begin ontstaan. Hoe meer hy gekla het, hoe meer het hy homself geïsoleer. Dominee Gawie het alles in sy vermoë probeer om die atmosfeer te ontlont.

Met ons aankoms op Okakarara, moes ons seuns die donkie begin stook, sodat ons warm water kon hê in die aand. Kyk, seuns bly seuns en toe Oom Flippie vir hulle sê om vuur te maak, het hulle die geleentheid met albei arms aangegryp. 'n Paar minute later, het ek Oom Flippie se bulderende stem gehoor en gaan kyk wat nou weer sy nukke ontgeld het. "Julle gaan die donkie laat ontplof!" bulder hy vir ons seuns. "Daar is te veel hout gepak!"

As versagting moet ek byvoeg dat my seuns, in daardie tyd, 9 en 6 jaar oud, onderskeidelik was en dat "maak vuur," sonder behoorlike instruksie en toesig, nie enige kans op sukses sou hê nie!

Van daardie oomblik af, het die seuns ook al hoe wyer draaie om Oom Flippie geloop.

Die volgende oggend is ons eerste deur-tot-deur uitreik geloods, nadat ons eers saam godsdiens gehou en onder Oom Flippie se arendsoë, ontbyt geëet het. Niemand wou saam met oom Flippie beweeg nie. Hy het dit nie dadelik agtergekom nie en met die groep saam beweeg, net om later die middag, na middagete en nabetragting, sy misnoeë te kenne gegee.

Gedurende die res van die uitreik, het ons hom probeer akkommodeer en verdra.

Die laaste Saterdag van ons uitreik, het aangebreek. Ons het besluit om die dag by die Waterberg deur te bring, met 'n lekker braai. (Ons het 2 skape van boere ontvang en moes darem 'n Namibië tjoppie of drie op die kole probeer.) Nadat ons lekker geëet het, het 'n paar van ons besluit om die ou Duitse begrafplaas te besoek en daarna die roete na die top van die berg aangedurf.

Oom Flippie het nie kans gesien vir die klim nie, iets waarvoor ons op daardie stadium baie bly was. Die natuurskoon en die fauna en flora, het dit 'n onvergeetlike tyd gemaak, waarin herinneringe gemaak is, wat soos ou foto's in ons gedagtes ge-ets is.

Teen 6uur die aand het ons almal na die gesamentlike kombuis aangedrentel gekom. Die atmosfeer in die kombuis kon egter met 'n mes gesny word. Oom Flippie het op 'n ou kroegstoeltjie gesit. Sy gekruisde arms en sy onderlip, wat saamgepers is, was 'n teken dat dinge nie wel is nie.

Martie, een van die jonger gemeentelede het oorgeleun en saggies gefluister, "Oom Flippie sê dat hy nie honger is nie en dat hy nie dink dat ons vanaand hoef te eet nie." Ek kon nie my ore glo nie! Daar was genoeg tjops oor om 'n Weermag te voer en nou dit! Ek kon alreeds die smaaklike tjops in my verbeelding proe.....

"Oom Flippie, wat hoor ek? vra ek. "Jong, ons het mos baie geëet vanmiddag, ek is nie honger nie en ek dink ons hoef nie vanaand te eet nie..." sê hy. Ek het eers gedink dat hy 'n grap gemaak het, maar het spoedig besef dat dit nie die geval is nie. Die ander was ook honger, of ten minste lus vir 'n tjoppie of twee, dit kon ek sien. Diplomasie sou seker die deurslag moes gee....

My vrou het egter die reguit pad geneem – "Kom seuns", het sy ons twee nader geroep, "julle is honger." Binne sekondes nadat die vleis, die res van die slaai en die braaibroodjies op die groot kombuistafel verskyn het, het elkeen van ons span begin weglê aan 'n lekker aandete.

Net voor ek wou gaan slaap, het ek weer verby die kombuis geloop. 'n Bekende figuur het gebukkend voor die yskas gestaan. Oom Flippie het sy knipmes oopgevou om die laaste tjoppie se laaste bietjie vleis van die been te skraap.....

Strikkies in die hare......

Kyk, as daar nou maar een ding meer waar is as padda manel dra, dan is dit die: Daar is mense gebou vir sendingwerk en diegene wat eerder vanaf 'n afstand moet ondersteun...

As gemeente het ons die afgelope paar jaar, 'n sendeling in Mosambiek ondersteun. Die sendingkommissie het gereeld terugvoer ontvang en dit ook met die kerkraad gedeel. Vandaar is die inligting ná 'n oggenddiens, met die gemeente gedeel. Op dié manier kon die gemeente sien watter suksesse behaal is, wat met hulle finansiële ondersteuning gebeur en watter sake gebed verg.

Francois, ons sendingvoorsitter, was ook al 'n paar keer in Mosambiek en het met sy terugkeer, met passie gepraat oor Manny, ons sendeling. Vir dae lank was dit, "Manny sê......, Manny kort......, Manny gee...." Ons wou graag die aansteeklike passie met die gemeente deel – iets wat Francois met beide hande aangegryp het.

Hy het op 'n gegewe Sondag die geleentheid gehad om die gemeente tot hoër hoogtes te lei, soms tot die ontsteltenis van 'n paar kerkraadslede, wat geensins 'n sendinghart gekoester het nie. Op 'n dag het Oom Fanie, 'n kerkraadslid van dekades en met meer beswaardheid as Genis, my eenkant geroep. "Dominee, ek dink ons moet 'n stop sit aan Francois se vakansies op ons onkoste!" Ek het Oom Fanie lank aangekyk. "Dink Oom regtig dat Francois met vakansie is wanneer hy na Mosambiek gaan?"

Oom Fanie was effe vererg toe hy antwoord: "Maar natuurlik Dominee, hy vertel altyd vir ons hoe mooi die plek is en kom altyd terug met 'n klomp aandenkings...."

"Laat dit Oom dan dink dat Francois met vakansie is?" vra ek. "Sien Dominee dit dan nie!" sê Oom Fanie, nou heeltemal op die oorlogspad. "Waarom gaan Oom dan nie sommer saam met die volgende uitreik nie, ek dink juis dis oor drie weke." Hy het my met ongeloof aangekyk. "My lyf gaan dit mos nie hou nie en ek hoor

Francois sê daar is nie juis beddens en warm water oral nie." "Dis waarom dit nie 'n vakansie is nie,...." sê ek sonder om te dink.

"Ek sal met Sussa praat en sê sy moet gaan kyk," sê hy. Dít, het ek nie sien kom nie!

Wilhelmina was sy enigste dogter, iemand wat nie altyd in die oomblik was nie, nie dat daar verstandelik iets met haar verkeerd was nie, daarvan kan 'n Meestersgraad Summa Cum Laude verwerf, getuig, sy was net "anders."

"Dink oom dat sy sal wil saamgaan?" "Sy het nie 'n keuse as ek so sê nie," sê Oom Fanie. "Ek sal sê dat die kerkraad haar afgevaardig het om ondersoek in te stel ter plaatse en dat sy verslag sal moet bring met ons volgende kerkraadsvergadering. Daar is nie 'n manier dat ons, as 'n gemeente wat ook maar swaarkry, kan aangaan om hierdie vakansies te kan finansier nie!"

Ek wou hom aanvat, omrede hy namens die kerkraad lieg, toe onderbreek hy my weer... "Dominee, ek meen hierdie Manny vent was 'n paar jaar gelede nog aan die vyand se kant. Hoeveel van ons seuns se bloed is nie op die grense van ons land vergiet nie....?"

Ek het besluit, ter wille van my eie gesondheid, om eerder stil te bly. Dit sal dalk raadsaam wees om met Sussa te praat, voor haar pa haar námens die kerkraad afvaardig en die uitreik in chaos dompel. Ek het begin soek na haar, want ek kon onthou sy het op haar gewone plek in die kerk gesit, kompleet met die hele kop vol strikkies.

Vroulief het gesien dat ek soekend is. "Waarna soek jy," vra sy. "Sussa, ek moet met Sussa gesels voor Oom Fanie by haar aankom." "O, hulle is alreeds hier weg. Ek het gehoor dat Oom Fanie vir haar gesê het dat hy haar dringend moes sien, toe neem hy haar aan die arm en het na die kar geloop."

"Dit help nou baie," dink ek so by myself. "Waarom soek jy haar?" "Dis 'n lang storie," sê ek en lig vir Vroulief in van die huidige stand van sake.

"Kom ons nooi vir Sussa vir tee môreoggend, ek dink sy kan doen met 'n onderbreking, jy weet, 'n mens kan nie alewig jou neus in 'n boek hê nie. Ek sal haar bel en sorg dat sy alleen kom." Ek het geweet dat Vroulief 'n slag met so iets het en dat die saak dalk nog beredder kon word, vóór die indoktrinasie té groot is!

Die volgende oggend net na 10, het Sussa voor die Pastorie gestop. Sy het uitgeklim en eerste gegroet toe sy sien dat ek op die groot stoep sit en lees. Vroulief het in die deur verskyn en vir Sussa gegroet en na die groot kombuis geneem waar ons lekker om die groot tafel kon sit, nie so gemaklik soos in die sitkamer nie, maar in elk geval – wie wil nou gemaklik wees in hierdie omstandighede.

"Sussa, ek wou graag met jou praat oor ons volgende Mosambiek-uitreik," sê ek om die bal aan die rol te sit. "Pappa het gesê dat die Kerkraad wil hê dat ek moet saamgaan, dis 'n eer Dominee, gaan Dominee ook saam?" Ek het deur die jare gewoond geraak aan die oormag strikkies in haar hare en die snelle, somtydse deurmekaar gepraat, maar die skielike vraag of ek saamgaan, was nie iets wat ek verwag het nie.

"Ja, Sussa, ek én my vrou gaan hierdie keer saam," sê ek vinnig om te keer dat sy nog meer vrae vra.

"Dis dan reg so Dominee," sê sy. Sy kyk beurtelings na my en Vroulief. "Dominee moet saamgaan om te kyk hoe dit met die bouwerk van die kerk gaan," sê Vroulief. Sussa kyk weer van my, na Vroulief en weer na my. Sommige van die strikkies in haar hare, ongehoord vir iemand van haar jare, wil-wil uitval.

"Sussa, ek dink jou Pa het dit 'n bietjie verkeerd verstaan; jy is nie namens die Kerkraad afgevaardig om saam te gaan nie, net die Kerkraad kan so iets besluit. Jy is egter welkom om die uitreik mee te maak," probeer ek 'n diplomaat wees. "Het jy tyd, of hou jou doktorale verhandeling jou té besig?"

"Ek sal graag wil saamgaan Dominee. Dit was nog altyd my begeerte om saam met Dominee op 'n uitreik te gaan." Sy kyk weer vinnig van my na Vroulief en verloor in die proses een van die veelkleurige strikkies. Vroulief het die situasie egter baie goed opgesom, "Hier is 'n strikkie wat geval het," sê sy terwyl sy die strikkie vir Sussa aangee. "Sussa, ek weet jy sal die uitreik geniet, jy sal sommer baie leer op so 'n uitreik." Nou is Vroulief die diplomaat.

"Maar dis dan reg so Tannie, ek sal graag wil saamgaan, aangesien julle my wil saam hê." Êrens is daar 'n verskil tussen wat ons gesê het en wat sy geglo het ons gesê het.

Die paar weke voor die uitreik het baie vinnig verbygesnel. Die dag van ons vertrek het aangebreek. Vroegoggend het ons almal aangemeld by die Kerk. Francois het alreeds 'n sweet-neerslag op die agterkant van sy hemp gehad. Hy het bo-op die bussie se dak gestaan en van die boumateriaal wat nog nodig was om die kerkie te voltooi, versigtig op die dakrak vasgemaak.

Vroulief het die lysie wat sy by sulke geleenthede saamstel, uit haar rekenaarsak gehaal en begin om kontrole toe te pas. Elkeen wat moes saamgaan en wie alreeds daar was, se name is deurgehaal. So ook is daar gemaak met die ekstra goedere wat ons, benewens ons persoonlike bagasie moes saamneem.

Sussa en Oom Fanie het eenkant gestaan. Hy het haar reguit in die oë gekyk terwyl hy met sy vinger in haar oë die laaste opdragte aan haar uitblaf. Ek kon niks hoor nie, maar die erns van sy liggaamshouding het my vertel dat die gesprek van 'n offisiële aard was. Hy het my betrap dat ek na hulle kyk en Sussa aan die arm geneem en saamgesleep tot waar hy voor my kon staan.

"Dominee, ek het vir Sussa net weer op hoogte gebring van haar opdrag namens die Eerwaarde Kerkraad. Ek hoop sy sal haar werk onverhinderd kan doen!" Oom Fanie het oor sy ken gevryf en baie tevrede met homself gelyk. "Ek weet sy sal 'n wonderlike geestelike ervaring hê, Oom Fanie," is wat oor my lippe kom. In my gedagtes is daar egter verskeie ander woorde, maar dit sou nie net vandag nie, maar enige tyd, onvanpas uit 'n Dominee se mond wees.....

Die rit na Mosambiek was sonder ernstige voorvalle. Ek het teen dié tyd al 'n verwagting gehad dat egos na vore sou kom, maar helaas, daar is baie grappe vertel, gelag, geskerts en nou en dan in spontane sang uitgebars. Sussa was egter nogal 'n uitdaging. Elke keer wanneer ons gestop het vir brandstof, of sodat toilette gebruik kon word, het sy op 'n ander plek gaan sit. Diegene wat as paartjies saamgegaan het, is soms geskei deur haar plekruiling, maar, met die verwagting van 'n volgende skuif oor 'n uur of twee, is dit verdra.

Ander tye was sy besig om met haarself te praat terwyl sy 'n boek oopgehou het op haar skoot.

By die Mosambiekse grens, het ek die groep goed ingelig oor die proses om deur die doane te gaan. Ek het klem laat val op wat hulle mag en nie mag sê nie en die goue reël uitgespel – "antwoord net wat jy gevra word." Almal het dit ernstig opgeneem – dit kon ek aan die vele oë wat op my vasgenael is, sien. Sussa was egter besig om van die strikkies in haar hare te verskuif en het nie, wel, volgens my waarneming, iets van die ernstige saak ingeneem nie.

"Dink daaraan mense, oor 'n paar uur van nou af is ons binne in die warm waters van die Indiese Oseaan," voeg ek by. "Ons kan nie wag nie!" "Ek is bly ons het vroeg gery!" was sommige van die kommentare wat ek tussen al die gebrabbel kon uitmaak. Min het ek geweet wat voorlê.....

Ons is baie vinnig deur die Suid-Afrikaanse doane. Ondervinding het my geleer dat die Mosambiekse een, die een is met die uitdagings! Ons het in die ry gaan staan en tree vir tree na vore beweeg. Vroulief het vir Sussa tussen ons laat staan. Vroulief is deur die doane en het na Sussa gedraai, "Kom Sussa, kom laat ek jou help." Sussa het effe teensinnig vorentoe gegaan en haar paspoort op die lessenaar neergesit. Die beampte het haar (en haar strikkies) aangekyk en haar paspoort stadig oopgemaak.

Sussa het ongemaklik gelyk. *"We don't have drugs with us,"* sê sy eweskielik uit die bloute. Dit het gevoel asof ek in die grond wegsink. Waarom het sy nou juis dít gesê?

"Wait a moment," beveel die beampte en skreeu iets in Portugees aan 'n senior beampte. Dié het weer op sy beurt opgespring vanuit sy stoel en dadelik na ons aangestap gekom. *"You all travelling together?"* vra hy. *"Yes,"* sê ek. *"Come with me and show me your vehicle!"*

Ons het almal die tou verlaat en agter hom aangestap. Sussa het, onbewus van wat sy aangevang het, ewe gedweë agterna gedrentel. By die bussie aangekom, is ons almal aangesê om teen 'n draad te gaan sit met ons hande op ons koppe. *"Keys!"* bulder die senior man. Ek het die sleutels baie versigtig uit my broeksak gehaal en wou opstaan om dit vir hom te gee. *"Sit down!"* hoor ek hom sê. Die sleutels is deur 'n ander beampte, een van vele wat nou om ons drentel, uit my hand geruk.

Vir die volgende paar uur is elke tas, elke houer, selfs ons kos deursoek, nadat die inhoud daarvan voor ons op die grond uitgegooi is. Daar is selfs bo-op die dak geklim om die boumateriaal te deursoek. Na wat soos 'n ewigheid gevoel het, is ons toegelaat om ons bagasie en wat ons nog kon red, op te tel en in tasse terug te pak.

Natuurlik kon hulle niks verkeerd kry nie, want ons het gewéét dat ons niks onwettigs doen of by ons het nie. "Sussa, ek vra jou mooi, ons vra jou mooi, gee jou paspoort en bly doodstil," pleit ek by haar.

Ons het weer die doanegebou ingestap en die lang ry aangedurf. Ek kon sien dat die groep se gemoed op 'n laagtepunt was. Die gedagte aan voete natmaak in die see is verruil vir, "ons wil net by die oornagplek kom...."

Vroulief het saam met Sussa na die doane gestap en gesorg dat sy al die vrae beantwoord. Sussa wou nog iets sê, toe neem Vroulief haar aan die arm en neem haar na die wagtende bussie, terwyl die ander deur die pyn van die doane-prosedure moes gaan.

'n Uur later, nou al sterk skemer, het 'n groep moeë en ongeërgde uitreikers, die bus gevul. 'n Sombere gevoel het geheers. Sommige het hulle handbagasie op hulle skote gehou en strak voor hulle uitgekyk. 'n Paar het met flitsende oë na Sussa gekyk, maar dié was besig om 'n strikkie of twee te verskuif en was totaal en al onbewus van wat aan die gang was.

Die rit na Macia was die langste rit – nie in afstand nie, maar in emosionele tyd gemeet, wat ek nog in Mosambiek onderneem het. Ek het geweet dat iets gedoen sal moet word om die rou emosies, om te skakel in iets positiefs, maar wat?

Met ons aankoms op Macia, het ek gou al die manne aangetree. Vroulief is solank na die kombuis met die vroue om aandete te gaan voorberei terwyl die manne die tasse en ander goedere afpak.

Sussa het van die bus se kant af nader gekom. Haar hare was deurmekaar. In haar hande was een van die boeke wat sy besig was om te lees vir haar doktorale proefskrif. "Wat het jy daar, Sussa?" hou ek my 'n bietjie dom. Sy hou die boek uit na my, "ligte leesstof, Dominee." "*String Theory and Particle research*" – "Jong Sussa, hierdie lyk heel gewigtig!" "Ag nee wat Dominee, ek lees dit maar net om die tyd om te kry..."

Sy het so 'n rukkie langer daar gestaan. "Dominee, waar is die badkamer?" "Soek jy die badkamer of die toilet?" vra ek. "Die toilet Dominee, maar is dit nie gewoonlik beide saam nie?" "Nie hier in Mosambiek nie," lag ek. "Die toilet hier in Mosambiek is 'n gewone ou *long-drop*. Sy het my onseker aangekyk. "'n *Lóng-drop*, Dominee?" "Ja, Sussa, 'n gat in die grond met 'n sitplek op. Maar Sussa, gee ons net so 'n minuut of twee sodat ons die ligte afhaal en die plek gaan inspekteer, ons wil nie hê daar moet slange of spinnekoppe in die donker lê en wag nie...."

"Reg so, Dominee." Ek het omgedraai en gesien hoe die laaste paar goed van die bus afgepak is. "Kry gou vir my een van die sterk flitse," vra ek vir Francois. "Ons moet gou die *long-drop* nagaan voordat iemand hom gebruik." My woorde was skaars koud toe ons 'n alle mintige geknal hoor. "Is dit 'n aanval?" het dit deur my gedagtes geflits.

Ek het die lig in die rigting van die klank gerig en was net betyds om 'n stofwolk om die *long-drop* te sien neerdaal. Ek het eers gedink dat iemand dalk skelm gerook het en 'n vuurhoutjie in die *long-drop* afgegooi het.

Soos een man, het ons na die *long-drop* gehaas. Francois was eerste daar en het 'n spul strikkies in 'n ligkol verhelder. Dit tref my toe – Sussa is nie saam met ons nie en die strikkies was 'n onheilspellende prentjie.

"Kyk Dominee," hoor ek Francois sê, "Sussa het deur die planke geval." Ek het nie geweet wat om te verwag nie. Al wat ek geweet het, was dat Sussa nie gewag het vir 'n lig nie, maar sommer self na die *long-drop* gaan soek het. Wat sy egter nie geweet het nie, was dat die houtvloer van die *long-drop,* vrot was. Sy sou dit in elk geval nie kon sien nie, al het sy 'n flits gehad.

Ek het in die *long-drop* afgekyk en 'n vuil, stinkende Sussa op die bodem sien spartel. Nadat ons 'n tou laat afsak het, kon ons haar darem na veiligheid bring. Almal het wind-af van haar probeer staan, die stank was onhanteerbaar. Sy het verby ons geloop na waar Vroulief haar na die badkamer gehelp het. Ek kon dink dat dit 'n epiese bad sou verg om haar weer skoon en sonder stank te kry.

Ek het egter geweet die uitreik is weer op die spoor toe Francois, onder groot bulderende gelag van die ander sê: "Ek is so bly Sussa *Long-Drop* is veilig......"

Eikenhof se dinge

Diegene wat al ooit in die Suide van Johannesburg gewoon of gewerk het, sal weet dat dit 'n baie spesiale plek is. Dis nie 'n plek vir sissies nie – daarvan getuig die onwelkome Rinkalse en ander ongediertes! Dis ook 'n plek waar jou bure jou beste vriende moet wees, anders gaan jy maar sukkel indien jy dringende hulp nodig het. Dis 'n plek waar buurtwagte hul eie reaksiemagte het en waar die wet – wel, soms ook in eie hande geneem word om goedere, wat van jou perseel verdwyn het, weer terug te vind.

Eikenhof, waar ons meer as 8 jaar gewoon het, was in die middel van die Suide van Johannesburg, slegs 'n paar kilometer vanaf Walkerville. Eikenhof was ook as 'n sogenaamde ROOI area geïdentifiseer vanweë die gereelde aanvalle en misdaad.

Ons het sekere van die insidente intens beleef – 'n paar keer self deurgeloop, of soms wanneer van ons gemeentelede daardeur geaffekteer is.

Ons is selfs beroof nadat die elektriese heining (met alarm) geknip is, daar verby ons 4 honde gekom is en die glasdeur van die spoor gehaal is. Daarna moes die boosdoeners ook deur 'n magdom doringbome teen 'n steil helling met los klippe en rotse af na hulle wagtende voertuig beur, met alles wat uit ons huis verwyder is.

Ons bure het op 'n stadium hul familie van Engeland by hulle gehad vir die Kersfees-tyd. 'n Dag of wat na Kersfees is hulle aangeval en vasgebind terwyl die boosdoeners op hulle tyd besluit het wat hulle wou neem en 'n duik in buurman se wynversameling gemaak het.

Ten einde 'n mate van veiligheid te kon beleef, was dit noodsaaklik om alles moontlik te doen en ten duurste ook, die beste sekuriteit te moes hê. Dit het egter nie altyd gehelp nie – soms is persone, ten aanhore van ons almal via die buurtwag-radio aangeval, net sodra hulle die "fort" waarin hulle gewoon het, verlaat het......

Ons het ongeveer 30 meter van ons naaste bure gewoon en moes ook, as gevolg van die pypsteel-ingang, van hulle sekuriteitshek gebruik maak. Vandaar was dit byna 50 meter alvorens ons (so het ons gedink) die veiligheid van ons huis bereik het.

Die bure was regte sout van die aarde mense. Hulle sou uit hulle pad gaan om andere te help. Hulle het net een dogter gehad en verder al hulle liefde in hul groot Rhodesiese rifrûe gepomp. Hulle sou alles vir die honde doen en het nie geskroom om hul huis oop te stel vir 'n honde-oppasser ten einde te verseker dat hulle twee ander "kinders" net die beste aandag ontvang nie.

Marie was die gereelde oppasser en 'n goeie 10 – 15 jaar ouer as ons. Sy was baie skaam, maar het, nadat Vroulief 'n paar keer na haar uitgereik het, 'n heel spontane persoon geword. Ons het gou agtergekom dat sy aan 'n baie swak selfbeeld gely het. Sy sou, ten spyte van haar spraaksaamheid, nie oogkontak maak nie. Sy was baie lief vir die honde en het, so het dit vir ons gelyk, eerder die geselskap van die honde, bo dié van mense verkies.

Die bure sou ons inlig indien hulle vir 'n tydperk nie daar is nie en wanneer Marie daar sou wees. Dit was tweeledig – sodat ons 'n ogie oor Marie kon hou – en vermoed ek – om toe te sien dat hulle "kinders," ook veilig is.

Harry, ons buurman, het my een oggend gestop toe ek oppad is kantoor toe. "Ons gaan die naweek 'n bietjie Kaap toe en behoort teen Dinsdag weer terug te wees," het hy my met 'n glimlag meegedeel. "Gaan jy weer "kultuur" koop?' vra ek. "Nee, ongelukkig gaan ek nie hierdie keer by die wynplase kan uitkom nie. Ons het besluit om sommer af te vlieg. Marie sal weer na ons "kinders" omsien." "Jy hoef nie bekommerd te wees nie, ons sal mooi na julle plek kyk." sê ek.

"Jy moet asseblief geduldig wees met die elektriese hek, die ding het alweer begin lol." "Wat moet ek doen as hy begin lol?" vra ek. "Jy kan net die slot oopsluit en die hefboom na bo draai, dan kan die hek met die hand oop en toe gestoot word."

Ek het gegroet sonder om die volle implikasie van die gesprek te besef, min wetend hoe intens ek dit sou beleef in die volgende dag of twee......

Na werk het ons sonder enige idéé wat sou kom, na die huis gery. Die aantal taxis op die pad, veral dié wat hulle nie aan padreëls steur nie, het nie meer so 'n groot las op ons geplaas nie. Dit was maar 'n gevoel van – "Laat hulle begaan...."

By die huis aangekom, het ek die knoppie vir die elektriese hek gedruk. Ek moes skielik spoed verminder toe ek agterkom dat die hek nie oopgaan nie. Ek het voor die hek gestop en weer probeer. Nadat ek my humeur begin verloor het, het Vroulief die knoppie begin druk, ook sonder sukses.

Eers na 'n paar minute se verdere gesukkel en batterye toets, het ek die gesprek van vanoggend met Harry onthou. "Die hekmotor moet oopgesluit word en die hefboom na bo gedruk word...." Makliker gesê as gedaan, aangesien daar 'n elektriese hek, met elektriese skokdrade tussen ons en die hekmotor gestaan het. Ek het Harry se huis geskakel en gehoop dat Marie van die veilige kant af die hekmotor kon oopsluit. Die telefoon het net gelui. Ek het Harry op sy selfoon geskakel net om agter te kom dat sy foon afgeskakel is. Hulle sit op daardie oomblik heelwaarskynlik kilometers van hier, rustig aan 'n drankie en teug, onbewus van ons stryd!

Vroulief het op haar foon gesoek en op Marie se nommer afgekom. Sy bel. Die foon lui ook net. Ek kon al sien hoe ons van die Gemeentelidmate sou moes bel vir slaapplek....

Ek het onthou dat Brett, die Buurtwag-voorsitter, van sy huis werk en het hom geskakel vir raad. Binne minute daag hy by ons op. Met die uitklim, begin hy al lag vir ons penarie. Hy het om die bakkie geloop en 'n houtleer afgehaal. Die plan wat hy voorstel was as volg: Ons jongste seun, wat die ligste weeg, moes met die leer opklim terwyl ons die leer ondersteun en van die skokdrade weghou. Sodra hy bo is moes hy bo-oor die hek spring en die byna 2 meter grond toe val en hopelik op sy bene te lande kom. Vandaar sou dit maklik gaan, hy moes die hekmotor se slot oopsluit en die hefboom na bo druk. (terwyl hy moes wegbly van die skokdrade af)

Dit het 'n paar minute geneem vir ons jongste om presies te doen wat ons hom aangesê het om te doen. Ek was skrikkerig vir die afspring en die land aan die ander kant, maar met die vlugvoetigheid van 'n kat, het hy veilig geland.

Nog 'n minuut later en ons kon deur die hek ry, heelwat later as wat ons gereken het ons by die huis sou aankom. "Julle sal maar die hek oopgesluit moet hou en dit baie VERSIGTIG moet oop en toe stoot vir die res van die naweek..." voeg Brett by voor ons groet.

Vroulief het gou vir Marie opgespoor, waar sy buite met die honde gespeel het, salig onbewus van watter drama ons moes trotseer. Sy is ingelig oor die hek en die proses om die hek oop-en-toe te stoot.

Saterdag het gekom en gaan. Ons was vinnig na die Glen winkelsentrum om 'n paar items te gaan koop. Ek was redelik haastig om weer by die huis te kom, aangesien ek die volgende dag by die Herman Steyn Gemeente in Vereeniging sou preek en ek nog aan my preek wou skaaf.

Sondagoggend is ons reg om die pad via Walkerville aan te durf. By die hek aangekom vra ek die oudste om die hek oop te skuif. "Wees net asseblief versigtig vir die skokdrade..."

Ek het na die kar se horlosie gekyk en gesien dat ek vinnig sou moes ry ten einde betyds te wees – betyds menende dat ek verkies het om ten minste 'n halfuur voor die diens in die konsistorie wou wees.

My oudste sê eweskielik dat hy nie die hek oopkry nie. Ek het die jongste gevra om te gaan help, alles terwyl die sekondes en minute verby tik. Ek het onwillekeurig aan Faustus se bekende woorde (toe hy gewag het vir die duiwel om sy siel te kom haal) - *O lente, lente currite, noctis equi*! – *Run slowly, slowly, o horses of the night.* (Hy wou hê die horlosie – die perde van die nag – moes stadiger beweeg, nes ek tans wens om steeds betyds te kan wees!)

Na 'n minuut of twee moes die hek al oop gewees het, maar helaas, die seuns het net daar gestaan en kyk na die hek. Ek het uitgespring reguit op die hek af. "Pa, die hek is van die spoor af....," hoor ek een van hulle sê. "Dit kon net Marie wees," het ek in my binneste gedink. Ek het die hek probeer stoot, maar gesien dat die hek inderdaad van die spoor af is. "Help my om die hek op te lig," beveel ek die seuns. Hulle het na mekaar gekyk en toe na die skokdrade. In my binneste het allerlei gedagtes gegaan. Hoe sou dit nou wees as die Dominee nie opdaag vir die diens nie?

Ek het eintlik skoon van die skokdrade vergeet in my haas om die hek oop te kry. Groot fout!

In my haas het my skouer, wat nie deur 'n pak se baadjie beskerm is nie, teen die skokdrade geraak. Dit het gevoel asof alles in stadige aksie gebeur. Met die skok het ek eers gedink dat ek geskiet is – en dan 'n alibi sou hê as ons dit nie betyds maak vir die diens nie! Ek het eers 'n bietjie tot verhaal gekom toe ek langs die kar lê en probeer om orent te kom. My vrou was in 'n toestand en die seuns doodstil....

Ek was nog redelik deurmekaar toe ek weer na die hek aanstrompel en die skokdrade met volle mag in my hande vasgryp. My vrou het 'n lang gil gegee – uit skok - en daarna baie hard vir my gevra wat my besin het om die drade kaalhand vas te vat. Ek het dit alles aangehoor terwyl ek weer – asof in stadige aksie – oor die kar se enjinkap vlieg en hard met moederaarde kennis maak.

Hierdie keer het ek ietwat langer gewag voordat ek weer iets onsinnig kon aanvang! Ek het tot verhaal gekom en weer na die hek geloop. Stadig en báie versigtig, het ons die hek eers na ons en toe weg van ons gewikkel om dit op sy spoor te plaas. Eensklaps was die hek oop en kon ons deur ry. Die seuns het die hek toegemaak en baie stil in die kar ingeklim. Niemand het 'n woord gesê terwyl ek wegtrek nie.....

"Wat het jou besin om die hek so vas te gryp terwyl jy geweet het dat jy sou skok?" Vroulief was die eerste wat iets sê terwyl ek die afdraai by Aloe Ridge neem. "Ek was so deurmekaar van die eerste skok dat ek nie geweet het wat ek doen nie." Dis al wat sin gemaak het.

Ek het in die truspieël gekyk. Die seuns het elkeen by 'n venster uitgekyk. Ek kon sien hulle was dik van die lag en het gesukkel om dit in te hou. "Dit was nou 'n skokkende ervaring," sê ek en hoor hoe die seuns uitbars van die lag!

Met my aankoms by die gemeente, het my hande nog baie gebrand, altans daar was 'n lang rooi lyn op elke handpalm gebrand. My boarm spiere was lam, asof ek, soos in die ou dae, 'n inspuiting in die Weermag ontvang het.

In die konsistorie het ek die Kerkraad van my ervaring vertel. "Hoe is Dominee dan nou 'n *sparkie*? is een van die Ouderlinge se wyse vrae……

Met die uitspreek van die Votem kon ek my regterhand net so hoog as my bors lig. Dit het gevoel asof die gewig van 'n duisend olifante my arm terugrem. Die res van die diens het sonder voorval verloop, behalwe toe ek oogkontak met ons jongste seun maak en hy 'n glimlag op sy gesig kry. Hy het sy hand baie diplomaties voor sy gesig gehou, maar ek kon sien aan die rukbeweging van sy skouers, dat hy lekker lag!

Ek het terwyl die kollekte opgeneem is en ek agter die veilige beskerming van die kansel, weer aan die oggend se gebeure gedink. Ons sal vir Marie moet sê om mooi te kyk voordat sy weer die hek van die spoor stoot en dit net daar vir ons los om uit te sorteer!

Die laaste lied is gesing en dis tyd om die seën oor die Gemeente uit te spreek. Verbasend genoeg, kon ek beide arms hoog genoeg lig:

"Mag dan nou die genade van ons Here Jesus Christus, die liefde van God onse Vader en die Gemeenskap van die Heilige Gees, met elkeen van ons wees, Amen………"

Ek was weer daar.....

Ek was weer daar, na al die jare, die Forest Hill Begrafplaas. Ek het gedink ek sou dit nog kon herken. Ek het stadig gery en gesoek na iets wat bekend was. (Gelukkig het ek geweet ek ry in die regte rigting). Dan sien ek die *Samma-joor* se graf. Ek was daar die dag toe hy begrawe was. Sy vrou het saam met my tannie verpleeg. As kind was ek gefassineer met die militêre verrigtinge, al was dit vreemd dat iemand so sou skreeu in die begrafplaas. Min het ons geweet, ons sou 'n paar maande weer daar wees, net 2 rye verder, Oom Boetie se graf......

Oom Karel het altyd uit respek sy radio afgesit wanneer ek saam met hulle gery en hy die begrafplaas binnegegaan het. Daar het ons menige Sondagmiddae deurgebring in 'n alom bekende roetine. Eers het ons by die Vorsters (wat ook in die week 'n militaris in die naby geleë basis was....) se paneelwa aan die begin van die lang laan wat na die begrafplaas gelei het, gestop, of as hulle nie daar was nie, het ons by die Indiërs gestop. Ek onthou haar nog, altyd met haar pienk oorjas en die vlekke op haar hande. Ek het toe al gewonder of sy net so gebore is en of sy dalk gebrand het. Sy het altyd vir my ouma 'n kortsteel Angelier gegee.

Daarna is ons na die graf. My Pa en Ma het voor die graf gaan staan en lank daarna gekyk. Ouma het soms nog gehuil en dan maar net in die verte in gestaar. Oupa Harry het nie baie gesê wanneer hy by die graf gekom het nie.

Ek en 'Bella moes dan ons takie verrig. Ek moes 'n emmer water by die ou koperkraan gaan tap en 'Bella het die vorige week se verdorde blomme in die ou geroeste rooi drom gegooi, daar was baie blomme wat ook hulle ewige bestemming gevind het.

Ons het, nadat ons die blomme sonder veel seremonie in die geroeste blompotte geplaas het, die graf se gras natgegooi. Ek en 'Bella het daarna so 'n paar rye verder na die fototjie van 'n babaseuntjie op die klein wit graffie gaan kyk. Daarna is ons almal in die kar, tot volgende naweek....

Ek het toe sy graf gevind, nadat ek nie te lank gesoek het nie. Alles het tog nie te veel verander nie.

Sy graf is nog net soos ek dit kon onthou. Nog net sy naam op die steen, alhoewel Oupa en Ouma ook 3 en 6 jaar ná hom, daar begrawe is. Hoeveel trane het nie al daar geval nie? Hoeveel vrae is nie al hier gevra nie? Tog, sy graf het niks geantwoord nie. Waarom?

Op die linker boonste hoekie van die steen, is die kruithouer nog. Nasionalis in murg en been. Wie sou kon raai dat sy geliefde Party, vir wie hy so baie gegee en gedoen het, nou na al die jare nie meer bestaan nie. Wat sou hy sê as hy dit nou sou weet? Wat sou hy doen as hy al daardie jare gelede geweet het wat ons nou weet? Sou hy nog steeds so trots al die plakkate van die *kandidaat* en die Nasionale Vlag gewapper het?

Ek twyfel, hy het die lewe anders beleef, hy het ander verwagtinge van die toekoms gehad, maar toe is dit kortgeknip.....

'n Entjie verder het ek by die heldeakker gaan stop. Hoe kry 'n mens dit reg om daar in te stap sonder om emosioneel te raak? Ja, ek weet dat elke graf in die begrafplaas baie trane laat stort het, dis net dat daar in die heldeakker 'n groter mate van emosie is.

Hoeveel van diegene wat hier lê, het die geleentheid gehad om reg te maak voor die dood ingetree het? Hoeveel het alleen gesterf, weg van familie en van ons eie landsgebied af?

Ek het hartseerstories gehoor van hoe gewondes aan die grens na hulle ma geroep het in die laaste oomblikke van hulle jong lewens.....

Ek het die geleentheid gehad om verskeie kere een van die skildwagte te wees tydens die jaarlikse herdenkingsdiens. My eerste parade was nog met die R1 gedoen, later het ons aanbeweeg na die R4 en die laaste maal (waarby ek betrokke was) met die R5. Die R1 was die epitoom van 'n waardige parade. Die wapen het iets meer van die skildwag geverg as die latere modelle wat met 'n band aan die skildwag "geheg" is. Dit was asof die gewig van die R1 en die pyn wat dit in spiere veroorsaak het, net 'n opoffering van die skildwag was om die afgestorwenes te vereer.

Ek onthou nog die bevele – "Skildwagte, presenteer geweer," gevolg deur, "Rus op omgekeerde geweer!" Die bewegings moes gekoördineerd en waardig wees om die seremonie te eer!

Ek het soveel van die name onthou, name wat ek elke keer gesien het wanneer ek 'n skildwag was. Dit was hartseer om elke jaar 'n paar nuwe name te sien, persone wat drome gehad het, persone wat 'n toekoms en 'n verwagting gehad het, maar wat om die een of ander rede in die split van 'n sekonde omvergewerp is. Hoeveel ouers moes nie die nuus, dae ná die afsterwe van hulle geliefdes, aanhoor nie, hoeveel keer moes hulle terugdink aan die tye waarin hulle nog met hulle lewens aangegaan het, totaal en al onbewus van die afsterwe van hulle kinders?

Net buite die heldeakker, het ek my neef, Richard se graf gaan opsoek. Hy was lid van die SAP se Onluste-eenheid in die 80's. Hy het een nag 8 verdiepings ver na sy dood geval. Tot vandag ken ons nie die volle verhaal nie.

Tente

Ek wens ek kon sê dit was my idee, maar helaas dit was nie. Sit ek mos een mooi dag in my kantoor en bepeins oor die klomp studente se vraestelle wat nog gemerk moet word toe my vrou daar inkom met 'n ongewone stelling: "Ek kan vir ons geld spaar," sê sy. Ek kyk vinnig op, "O ja, en hoe gaan ons dit doen?"

"Ons gaan 'n tent koop," sê sy. "Ek dog ons gaan spaar," sê ek vinnig, maar voor ek tot verhaal kan kom, sê sy: "Jy weet hoe duur gastehuise en hotelle is." Weet ek dit nie, dink ek by myself. Ons reis omtrent elke naweek iewers heen vir Diploma-plegtighede en preekbeurte en dit kos my 'n fortuin. "Koop ons 'n tent, dan kan ons binne 'n paar maande die koste van die tent terugkry in die geld wat ons op gastehuise sou spandeer." Ek hou egter van haar redenasie, alhoewel die tent-besigheid vir my in 'n angssweet laat uitslaan. My laaste ondervinding met tente was daardie weermag-monsters. In my offisiersopleiding het ons een hele dag, in die bittere warm son spandeer in 'n kompetisie, oor wie die goed eerste kon opslaan en kon toemaak – gereed vir inspeksie.

Dis asof sy my gedagtes lees. "Hierdie nuwe tente is baie lig en kan vinnig en sonder veel moeite opgeslaan word." Kyk, sy het haar navorsing gedoen, dit sê ek jou. Voor ek my kon kry word ek bekendgestel aan 'n totaal nuwe woordeskat: Rip-stop, watervlak.....

Ons gaan toe maar die volgende middag na 'n winkel wat tente verkoop. (En ek vat die blaadjie van 'n ander winkel saam as verwysing). Voor die tente het ons gaan staan, die sakke was nie so groot soos die weermag s'n nie. Dit was kleurvol geïllustreer en kon selfs aandui hoeveel ons in een so 'n tent sou kon instapel indien daar die een of ander natuurfrats ons uit ons huis sou dwing.

Die pryse was ietwat hoër as die pryse in die ander winkel se blaadjie, maar gelukkig kry ons afslag en hoef ons nie nou weer rond te ry nie. Dit bly toe ongelukkig nie net by die tente nie, nee ons moet kan slaap en kan eet....

Slaapsakke, opblaasmatrasse, opvoustoel, blikborde, bekers, tafeltjies en nog 'n paar ander katoeters om penne in te slaan en hulle weer te kan uittrek, hierdie keer sal een van die Weermag se *Landies* dit nie vir my kan doen nie en die paar jaar agter 'n lessenaar doen nie juis baie aan jou opgestoorde krag nie.....

Al die goed word in die Tazz gelaai, dit kan pas as jy regpak, maar dan moet twee tienerseuns nog inpas. Die realiteit is dat ons iets sal moet doen, anders gaan ek en vroulief vir altyd alleen moet gaan kamp. Die volgende dag vertel my vrou vir my van 'n dakrak en veselglashouer. Dit maak mos meer spasie en dan het die seuns meer plek om lekker te kan sit – en ons kan sommer alles inpak wat ons nog nodig het. Hierdie "besparing" lyk eweskielik meer na 'n verlies, maar ons gaan hierdie proses deursien.

Twee dae later is dit naweek. Ons (ek en die seuns) gaan die tent aanmekaar sit. Ek bedoel, hoe moeilik kan dit wees? Halfpad deur die opsittery, lyk dit al hoe meer na Frankenstein se kasteel, eerder as die tent wat so mooi op die prentjies vertoon. Sê my oudste – "Pa, dit lyk darem nie te sleg nie!" "Dit lyk soos 'n hond se dinges," sê ek, net voor die hele monster met 'n geknars ineenstort. Die uiteinde – 4 geknakte pale. Hoe nou gemaak? Ons pak alles terug – en ek ontdek die duidelik geïllustreerde aanwysings – onderin die sak.

Die klomp by die winkel was ons goedgesind. Ek dink hulle het hierdie verhaal van gebreekte penne en pale so baie gehoor dat niks hulle meer verbaas nie. Met 'n nuwe tent stap ons daar uit – gereed om weer te gaan probeer – met die aanwysings hierdie keer!

Hierdie keer bou ons dit – ietwat té lank na my sin – maar hy lyk darem al na die tent op die prentjie, selfs die honde het kom kyk – en Tasco, ons getroue *Alsation*, het sy been in goedkeuring teen die flap van die tent gelig – as ons maar op die voorteken gade geslaan het....

Twee weke gaan verby voordat ons weer aandag aan die tentsakie kan gee. Ons gaan ons eerste kamp beleef. Vroulief het weer die voortou geneem – ek sit nog steeds agter (nuwe) vraestelle.... Sy kom weer op 'n mooi dag in my kantoor ingestap. "Hoe klink *Manyane* vir jou?" vra sy. "Dis naby Sun City – ons kan sommer een Vrydag na werk deurry. Ek het na die koste gekyk – en dit lyk goed. Ons sal dan sommer ook die Pilansberg Natuurreservaat kan besoek en gaan wild kyk." Kyk, nou is ek opgewonde. Besprekings is gemaak – en ek het die betaling behartig. Ons is gereed, bespreek, beplan en amper gepak toe ek die Vydagoggend kantoor toe is. Na skool sou die seuns moes help pak en dan, sodra ek uit die kantoor kan wegglip, sal ons ry.

Die rit Manyane toe was ook nie sonder sy uitdagings nie. Ek het nie geweet die pad sou so sleg wees nie – veral nie agter die stuur van 'n Tazz nie.

Ons het tussen die busse en ander verkeer, darem die kamp gehaal en was aangenaam verras deur die natuurskoon, hulpvaardige personeel en die goedversorgde area – om nie van die stilte te praat nie. Nadat ons die ontvangs verlaat het, is ons op ons eie – waarheen nou, hoe nou gemaak, waar slaan jy op, waar is die beste plekke? Al hierdie goed maal deur 'n groentjie se kop. Ek ry in die paadjie af tussen lanings van karavane – die rykmansbuurt en die groepie "anderkant die treinspoor" – die tentbrigade. Selfs tussen die tenteienaars is daar klasse – groot huise-weg-van-die-huis, het meegeding met goedkoop (plastiek) tente van 'n kettingwinkel. Dan sien ek dit – die Heilige Graal – sowat twee honderd meter die paadjie op het 'n skaduryke boom ons ingewag. Dis asof die stukkie grond net gewag het vir ons, dis effens hoër op as die res van die tente en naby genoeg aan die kantoor en ablusieblok. Die feit dat dit deur 'n leërskare tweeman-tente omring was, het nie eintlik 'n lig ('n polsende rooi een, moet ek bysê) by ons laat aangaan nie.

In relatiewe stilte, het ons die tent staangemaak. Ons het al die katoeters en matrasse ingedra en als so rustig as moontlik gemaak. Die paar apies wat in 'n nabye boom aan gesteelde broodrolletjies van ons naaste karavaan-bure gesmul het, het ons ook nie bekommerd gemaak nie.

Dit was stil en ons het gedink dit was goed, maar dit was maar die eerste dag en die aand moes aanbreek. Ons het seker so teen 7 uur die vuur aangesteek en begin braai. Teen half nege, het ons ons eerste ete as kampers geniet. Ons was reg om deur die stilte van die nag – met al sy onbekende naggeluide op 'n nuwe ondekking van sielerus te gaan. Net voor ek die tent se rits toegetrek het, het die leërskare in hulle klein tentjies ontwaak....

Wat ons daardie nag beleef het, kon ons permanent van die kamplewe verwilder het. Dit kom toe uit hulle baie luide gedrag na vore dat dit 'n groep skoliere is wat die naweek onder ma en pa se vlerke wou wegkom – Manyane toe. Omdat daar geen ouers was nie, het beteken dat daar geen keer aan hulle was nie. Drank, vuil stories, vloekery, gillery en luide musiek, het ons die nag laat ingaan. Pogings om hulle stil te kry, is afgelag en het hulle net aangespoor om nog meer aan te gaan.

Ons het 'n bittere nag gehad. Die ergste was toe 'n meisie haar blaas teen ons tent – nie ver van Tasco se kol – geledig het....

Die volgende oggend kon nie vinnig genoeg aanbreek nie. Moeg en lyfseer, het ek uit die bed opgestaan. Was dit regtig die regte ding om te doen? Is dit hoe dit gaan by kampplekke? Ek het na die kampterrein se kantoor gegaan en 'n klagte ingedien. Ek was nie die eerste nie – en ook nie die laaste nie. Die persoon-aan-diens, het die klompie – wat intussen weer gaan slaap het toe ons opgestaan het, ingelig dat hulle die perseel sal moet verlaat as gevolg van hulle gedrag.

Hul arrogansie het egter geen keer gehad nie. Een van die jonges haal ''n Scorpion-kaart" uit sy beursie en deel almal wat wil hoor, mee dat hy nou sy prokureur gaan kontak.

Die prokureur het hulle egter gewys op die "Reg van Toegang Voorbehou" klousule en dat hulle die uitsetting sou moes aanvaar.....

Ons naweek was nie verby nie, maar almal het geslaap – behalwe die uwe wat bestuur het – terwyl ons deur die Park gery het....

Meer as 10 jaar is verby sedert ons eerste kampervaring. Ons het nou twee tente en alles pas sommer gemaklik in die nuwe waentjie en bakkie, die seuns is uit die huis en – die beste nog, ons kleinseuns het ook al saam met ons gaan kamp. Ons het verskeie juwele in die kampkroon ontdek, oral in ons pragtige land.

Gaan ons nog kamp? Ja, so lank as wat dit fisies moontlik is. Ons eerste tent is nou al verslete en dun, maar die herinneringe aan die lekker lag en stories, vul selfs die leë kamers waar die seuns eens gelê het. Ek moet myself keer om te glo ek hoor nog steeds die twee saamsing van Sally Williams Nougat en die Leeuloop. Soveel herinneringe, soveel liefde is vasgevang tussen die wande van ons tente deur die jare.

Om Rektor te wees

Ek is, op 'n latere stadium van my lewe, die geleentheid gegun om die Rektor van 'n Instansie te wees waar Predikante opgelei is. In ons dae was so 'n Instansie 'n Engelefabriek genoem, verwysend na die "vervaardiging" van Predikante.

My tyd as Rektor is bestee aan die "normale" administratiewe take, maar ook kurrikulum-ontwikkeling, skakeling met die publiek en – dis hier waar my hart se snare aangeraak is: Die besoek en huldiging van pas afgestudeerde studente. Dit was nie ongewoon om tot 30 weke van die jaar aaneen te werk nie, met ander woorde, die gewone Maandag tot Vrydag take, reis op 'n Vrydag na 'n stad, dorpie of gehuggie, 'n Gradeplegtigheid op die Saterdag en prediking op die Sondag, voordat die lang pad huis toe weer aangedurf moes word.

Ek sou een naweek, byvoorbeeld, 'n plegtigheid op die Kaapse Vlakte (Lavender Hill) hê, die volgende week in Bloemfontein en die weke daarna sommer weer in Amsterdam (Mpumalanga), of Durban. In daardie tyd het ek duisende Voyager myle versamel, maar altyd net te min om 'n opgradering na die ontwykende besigheidsklas te kon kry.

Dit was so 'n wonderlike geleentheid om studente te kon ontmoet wat sopas drie jaar studeer het ten einde hulle as Predikante te kon kwalifiseer. Sommige was langer as dit besig met hulle studies, maar dit was nog altyd 'n roemryke geleentheid om hul gesigte te kon sien wanneer die akademiese band oor hulle koppe en op hulle skouers gehang is.

Ek kan baie stories oor hierdie tyd van my lewe vertel. Die meeste is gevul met wonderlike herinneringe aan persone wat – ten spyte van talle teenslae – hulle studies voltooi en hul drome verwesenlik het. Dit was nie ongewoon om trane vryelik te sien vloei het na die band oor hulle skouers gehang is nie. Sommige is vergesel deur hulle hele uitgebreide gesinne en sommige deur hul hele kerk. Daar was diegene wat, nadat die band oor hulle skouers gehang is, oorval is deur gelukwensing van vriende en familie – en soms is talle note in hulle sakke gedruk as blyke van gelukwensing.

Soms is die geleentheid gekaap deur opportunistiese politici, wat eenvoudig net 'n toespraak wóú lewer – al het hulle soms nie geweet waaroor die gradeplegtigheid gegaan het nie. Een so 'n keer moes ek langs die Burgermeester van 'n sekere stad sit. Tydens die verrigtinge het sy notas gemaak en my verskeie kere uitgevra oor waaroor die plegtigheid gaan. Sy is daarna na vore geroep en het meer male *Amandla* gesê as wat sy iets oor die plegtigheid te sê gehad het!

Soms het ek en my vrou na mekaar gestaar en gewonder wanneer die plegtigheid uiteindelik sou eindig. Dit was soms asof elke spreker – en daar was soms hopeloos te veel genooi – gedink het dat hulle die hoofspreker was. (In die meeste gevalle was dit nog ook in 'n Afrikataal wat nie een van ons kon verstaan nie)

Op 'n dag, terwyl vele sprekers hulle stories vertel, het ek en my vrou beide gesien hoe 'n vlieg gevaarlik naby aan die oppervlak van 'n glashouer met vrugtesap loop. Ons het dit beide vir mekaar uitgewys en tot ons verbasing gesien hoe die vlieg later té braaf word en met 'n onhoorbare plons in die vrugtesap val. Vir die volgende paar minute het ons die vlieg dopgehou waar hy (of sy) soos 'n kamstige Chad le Clos allerhande swemslae probeer om uit die sap verlos te word. Helaas, na wat soos ure gevoel het, het die vlieg die stryd verloor en stadig na die bodem gesak. Ons het beide onderneem om daardie dag, al was ons hóé dors, eerder die sap te los.....

Nadat ons te veel kere blootgestel is aan ure van toesprake, het ons die beleid uitgevaardig dat die totale tydsduur van die plegtigheid net twee ure lank mag wees. Sprekers (wat aansienlik verminder is) sou dan ook aangesê word om tot die tyd beperk te word. Dit het 'n rukkie geneem, maar kort voor lank, het dit 'n nuwe kultuur geword dat die plegtighede stiptelik twee ure lank sou wees.

Die stiptelikheid jeens die begintye, was egter 'n groot probleem. Dit was nie ongewoon vir ons om vanaf Johannesburg na, byvoorbeeld

Welkom te reis, betyds daar te wees, net om ure later eers te begin wanneer die saal oopgesluit is en die studente begin aanmeld het nie. Weer moes beleid opgestel word: Plegtighede is geadverteer vir, byvoorbeeld 10vm, maar ons het beplan dat dit eers 12nm sou begin. Die studente het dit egter ook later begin agterkom en later opgedaag!

By een so 'n plegtigheid, het ons vroegoggend alreeds vanaf Johannesburg gereis. Ons was byna twee ure voor die afgespreekte tyd by die Saal en kon sien hoe studente in akademiese drag, fotos in die tuine van huise neem. Met die ooreengekome tyd was daar egter net 'n handjievol studente teenwoordig. Na nog 'n uur was daar darem al 'n paar rye stoele volgesit. Drie ure, NADAT die plegtigheid moes begin het, het ek die Grade, Diplomas en Sertifikate by die seremoniemeester gelos en teruggery na Johannesburg. Twee ure later kry ek 'n oproep van die Studentevoorsitter. Hy wou weet waar ek is, want hulle wag alreeds meer as 'n uur vir my om met die plegtigheid te begin!!

Een ding van Afrika is dit: Jy moet gereeld aanpas by jou omstandighede. Ons moes ook op 'n stadium die huur van akademiese drag staak. Dit was eintlik eenvoudig – Ek het 'n aantal bestelde togas, kepse en bande saamgeneem na plegtighede. Die studente moes teken vir dit en ná die plegtigheid weer teruggee. Dis hier waar die moeilikheid ingekom het! Tydens een so 'n plegtigheid, in die middel van Evaton, is die krag deur weerlig uitgeslaan. Ek moes uit die donker kerk, waar die plegtigheid gehou was, al die akademiese drag teruglaai. Nadat ek deur die dosente verseker is dat al die drag ingelaai is, is ek daar weg.

Die Maandagoggend moes ek tot my ontsteltenis agterkom dat vier stelle drag weg is. Ek het die dosente een na die ander gekontak. Niemand kon my help nie – die verlies was vir my rekening.

Die finale doodskoot vir ons uitleen-besigheid was 'n paar weke later. Ek het, benewens die uithandiging van die Grade, Diplomas en Sertifikate, ook die voorreg gehad om Lisensiate aan finale jaar studente uit te reik. Basies het dit behels dat hulle in 'n Eed onderneem om die rol van Predikant op te neem.

Die Eed was gebasseer op 1 Timoteus 3 waarin Paulus die rol, funksie en verantwoordelikheid van Predikante bespreek. Nadat hulle almal die Eed afgelê het, is die Lisensiate aan hulle oorhandig. Skaars twintig minute later het 'n paar van die Predikante, wat toe net die Eed afgelê het, van die akademiese drag gesteel! Dit was hartverskeurend om dit te beleef en het lank by my gespook. Hoe kan so iemand in die roeping van Predikant wees en daarna 'n Eed verbreek? Wat sou so iemand nie aan die gemeentes waarin hulle werk, kon aanvang nie?

Op 'n keer het ons, voordat die plegtigheid begin het, eers 'n draai by die Dosent se huis gemaak. Met die uitklim uit die voertuig, het 'n ondraaglike, byna walglike reuk ons oorval. Ek en my vrou het na mekaar gekyk en probeer uitmaak wat die reuk is. Net voor ons sy huis instap, sien ek twee 45 gallon dromme waaronder vuur gemaak is. Binne-in die dromme het skaappense, nog groen gevlek van die skaap se laaste maaltyd, in die water getuimel en geskuim. Ek het na my vrou oorgeleun – "Dis middagete...."

Die studente en dosente het ons altyd met eervolle respek hanteer. Een van die grootste betuigings van eer was om vir ons, na afloop van die plegtigheid, op die verhoog met 'n bord kos te voorsien. Hierdie was nie jou gewone bord kos nie. Ek het gewonder of hulle nie dalk té Biblisties was nie – Ps 23, "My beker (of moet ek sê my bord) loop oor...."

Dit was ook presies wat daardie dag met ons gebeur het. Die skaappens was tot oorlopens toe in ons borde opgeskep. Ek het na die jellie-agtige groen skuim gekyk en byna verstik in die reuk. Van oral is oë op ons gerig. Ek kon aanvoel hoe ons die kern van belangstelling word. Hierdie een moes ek vinnig hanteer en my hand baie goed speel sodat niemand aanstoot kon neem nie. Ek het weer opgekyk en blindelings gefokus op een paar oë wat my aangestaar het. Hier was my uitkoms: Ek het vir my vrou aangesê om my voorbeeld te volg. Ons het ons borde kos op ons sitplekke neergesit en het oor die verhoog, trappe af na die nou duidelikwordende oë gestap. Daar het ons 'n paar minute vertoef, familie ontmoet en fotos saam met sommige studente en familie geneem. Toe ons weer by ons stoele kom, is ons kos skoonveld....... Rektor 1, Skaappens 0!

Op 'n keer sit ek en my vrou weer heel voor in die saal. Die plek is gepak met jubbelende familie en vriende. 'n Oumatjie, wat in die voorste ry sit, trek my aandag. Aan haar kleredrag kon ek gesien het dat sy dit nie breed het nie. Haar hande is gebars. Op haar gesig lê padkaarte van baie jare se rondval tussen bestaan en armoede. My hart huil toe ek agterkom dat al haar fokus op die snapperye wat op ons tafel gedek staan, is.

Sy het op 'n stadium opgekyk, seker bewus geword van ons oë op haar. Instede daarvan dat sy ongemaklik of geïriteerd gelyk het, het sy 'n groot glimlag op haar gesig gekry. Daar was soveel spontaniteit in daardie glimlag, ek moes erken, dit was meer eg as glimalgte wat ek in verskeie plekke van vername persone gekry het!

Met die wisseling van sprekers, het ek die bord na haar gehou. Sy het eers verleë gelyk, maar toe tog haar hand uitgesteek en 'n paar van die kaasstokkies geneem. Sy het weer geglimlag. Dit was met hierdie glimlag dat ek gesien het dat sy geen tande het nie. Haar glimlag was so spontaan en sonder pretensie.

Soos die dag gevorder het, het ek en my vrou op gereelde tye die bord na haar uitgehou. Elke keer het sy geneem en ons met 'n spontane en heelhartige glimlag bederf.

Aan die einde van die verrigtinge het ons opgepak en was gereed om te loop toe sy by ons aangeloop kom. "Dankie vir die *sweets*." Net dit en dit het soveel beteken, nie omrede ons iets opgeoffer het nie, maar omrede iemand kon baat van die oormaat op ons tafel en ons die eerlikheid van dank in haar oë kon sien. Net voordat sy van ons wegloop vra sy: "Kan ek maar die *peanuts* kry?"

Ek het vinnig gewonder hoe sy dit sou kon eet, aangesien sy nie tande het nie. Dit was asof sy my gedagtes kon lees, "Dit is nie vir my nie, ek het kleinkinders by die huis...."

Terwyl sy wegstap met die inhoud van die res van die bord, stewig toegebind in 'n plastieksakkie, besef ek – nie alle preke kom uit die monde van predikers, word in kerke gelewer of is 'n oorvloed van teologiese begrippe nie.

In haar eenvoud het sy die liefde van omgee uitgebeeld!

Een spesifieke Saterdag moes ek 'n plegtigheid in Vereeniging waarneem. Die plegtigheid het op tyd begin en dit was goed oppad om binne die twee ure limiet te eindig voor die ondenkbare gebeur:

Ek was op 'n klein trappie op die verhoog staangemaak. Die studente sou dan hulle bande ontvang en na my kom, omdraai na die gehoor terwyl ek die bande oor hulle koppe op hulle skouers sou hang. As ek terugdink daaraan, dan klink dit so eenvoudig. Wel, dit moes eintlik wees....

'n Dame het voor my kom staan, ek het haar gelukgewens en sy het, soos die dosent, alreeds verskeie male by hulle ingeoefen het, omgedraai en na die gehoor gekyk. Ek het die band oor haar kop laat gly en mooi op haar skouers laat rus.

Dit was met die wegloop van my af dat die onwaarskynlike gebeur het. Sy het 'n pruik aangehad. Die pruik het bestaan uit duisende vals hare wat almal in 'n lus was. Met die oorhang, het een van die knope van my pak se moue, aan een van hierdie lusse gehaak. Met die wegloop het sy uit haar pruik geloop en is ek gelaat met die pruik wat soos een of ander dier aan my mou hang, terwyl sy met 'n sykous oor haar kop vir die fotos wat in die oomblik geneem is, geposeer!

Die dosent het vinnig opgetree en die pruik van my knoop verlos en skeef, maar plegtig oor haar kop getrek. "Jy is nou dubbeld geslaan met 'n Graad," was al wat hy kon uitkry.....

Projek Audry

Dit het elke Saterdagaand, net voor die laaste rugby wedstryd op DSTV, begin. Elke keer op dieselfde manier, die begin was 'n dowwe pyn, 'n pyn met voorkennis, wat later verander het in 'n polsende geklop. Dit het byna gevoel soos daardie dag, toe ek teen my beter wete, daardie verdagte Garage *pie* gekoop het, daardie een wat 30 km van die naaste dorp af gedreig het om gelyktydig bo, en onder uit te kom....

Saterdagaande het nie beter gegaan nie. Geleidelik het die simptome oorgegaan in 'n kloppende hoofpyn, droë oë, lam bene en 'n algehele gevoel van omni-polêre depressie. Die droom was altyd dieselfde; die silwer kar wat op my afgejaag kom, die trefslag en dik strome rooi bloed wat soos 'n smeer van kladpapier oor my gesig versprei.

Sondae het ek wakker geraak met 'n gevoel van oorgawe. Dit sou nie baat daarom teen te staan nie, die noodlot sal elke Sondag dieselfde uitkoms lewer. Dis nie asof ek gevrees het vir my preekbeurt nie; ek was ook nie onnodig bekommerd oor die nuwe Liedboek se B Mus graad melodieë, wat die orrelis nie onder die knie kon kry, of die vooruitsig om voor mense op te tree nie. Dit het my by geen van die ander gemeentes getref waar ek soms gaan aflos het nie. Nee, dit was net hier in Eikenhof waar die siekte my soos 'n verterende kanker geaffekteer het. Na ontbyt het ek probeer om die oggend in oënskou te neem. Die vergadering in die konsistorie, die diens en die koffie ná die diens met die gemeente, was klein vissies in die tsunamie wat my elke Sondag wou oorweldig. Net soos met 'n werklike tsunamie, is daar 'n fyn lyn van beplanning tussen ledigheid voor die golf tref en die noodsaak om weg te kom....

Kwart oor agt MOES ons ry. Vroeër sou noodlottig wees, dan sou die geleentheid oorgaan in verleentheid. Té laat en ek is blootgestel en meer uitgelewer as die besoek aan 'n operasieteater, met net daardie klein stukkie lap om jou verleentheid effe toe te maak. Half nege het ons by die kerk aangekom. Ek het die droogheid in my mond verpes. My hart het nou vinniger geklop... Ek het al my Weermag vernuf ingespan om die horison van die verkeerde kant af om te verken, net om seker te maak....

Oppad na die glasdeure wat – ongelukkig nie die geheim van die inhoudelike wou onbloot nie – het ek vir oulaas na die hekke buite die kerk gekyk. Die linker een het wanhopig probeer regop bly; soms het ek gewonder of die hek nie ook my gevoelens oor Sondae koester nie.....

My oë het gesoek en telkens nie gevind. Die silwer Ascona het meestal skeef en oor twee of drie parkeerareas gestaan. Dit was asof die Ascona nie anders kon nie. Die drywer het met 'n doel gekom. Soms was ek net betyds om te kon vra – "Ek hef my oë op na die hek, waar sal sy vandag vandaan kom?" Ieder en elk in die nabye omgewing, het vinnig uit die pad gespring, net om nie Woensdag uit dieselfde kerk, waar hulle nou wou gaan aanbid, begrawe te word nie. Vir 'n oomblik, nadat sy stilgehou het – en die stofwolk vir 'n wyle Eikenhof deel van die Vuil Driehoek gemaak het – was daar tyd vir oënskou neem.

Die meeste Sondae het sy my egter voorgespring en het sy op haar plek gestaan: Audry, die buurt en gemeente se langs-geskeide vrou. Haar byna 70 lewensjare is verdoesel deur allerhande pogings om jare, of selfs net maande jonger te lyk. Sy het doelbewus net buite die konsistorie gestaan. Jy kon op 'n afstand die mottegif bolletjies en die goedkoop parfuum ruik. "Moenie oogkontak maak nie" – dit het 'n mantra geword wat elke Sondag deel van my lewe geword het. Nie dat dit gehelp het nie, want sý het kontak gemaak. "Hallo Dominee," het sy gou gesê as ek nie aanstaltes maak om te kyk en te groet nie. Voor ek iets kon sê, het twee dinge (later drie) gebeur: Sy het glimlaggend nader beweeg, terwyl (ten tweedens) my seuns kortpad na die gallery geneem het. Hulle het beide elke Sondag eweskielik onthou dat daar die een of ander verstelling aan my *Power Point* gedoen moes word.....

Daar staan ek – voor my grootste nagmerrie, voor my tsunamie, voor die oorsaak van my hartkloppens! Audry was nie skaam om nog op die Boere manier te groet nie. Ek daarenteen, het daarvan gehou om 'n kokon van spasie om myself te kon bou. Nie dat sy haar daaraan gesteur het nie. Dalk was sy net van die Bose gestuur om my indiepte-voorbereide en gewigtige preek te kom kelder nog voor ek dit kon uiter.

Ek kon al die lipstiffie proe, die rooi smeersel op my mond sien wat oor my bolip teen my wang, opbeweeg. Teen daardie tyd was dit tyd van oorgee – die tipe oorgawe wat ek eerder vanaf die kansel wou verkondig en met die klaarmaak met sonde sou eindig!

Die eerste paar keer kon ek nie anders nie en was ek soos 'n slagskaap ter offer gebring. My Liefste (nommer 3, sien die ander twee punte bo) het egter my penarie gesien en geleidelik my bevry van die indringing van my persoonlike spasie. Sy het die slagskaap ter offer geword om my van die verleentheid te beskerm....

Voor ek die konsistorie betree het, moes ek ook my Sondae ritueel uitvoer – Das aan, *check*; Preek en Bybel, *check*; afkondigings, *check*; SKOON mond, wang, kraag, *where ever...check*! My verleentheid kon darem baie keer in 'n geleentheid verander wanneer ek in die konsistorie kom en ander skape ter slagting, die ouderlinge sien met 'n rooi streep oor die wang, wat dalk inderhaas gemis is! Gelukkig was ek nie die enigste een wat deurgeloop het nie!

Dit was tyd vir ernstig word, om my Dominee-gesig op te sit en reg te maak om die heilige ruimte van die kerk en die trappies na die preekstoel te betree. Daar kon ek veilig wees, daar kon ek die pas dikteer en daar kon net ek kies wie die area mag betree!

Gewoonlik het die diens daarna heel goed afgeloop, totdat.... ja, totdat die kollekte opgeneem is en ek weer begin het met die kloppende hoofpyn en koue sweet. Die groetery was nie net vir VOOR die diens gereserveer nie, nee, ons sal weer moet deurloop vir die groet NA die diens! Hier het ek egter die hef in die hand gehad. Hier kon ek die kerkraad op die een of ander wyse 'n bietjie langer as gewoonlik besig hou in die konsistorie met die hoop dat die gevaar weg is.... Of, ek kon te lank aan die gesels bly met 'n lidmaat wanneer ons na die diens saam koffie drink.

Ek onthou daardie dag toe ek na 'n baie ernstige diens, vol van somberheid, die fout gemaak het om oogkontak te maak met haar..... Daar sit sy, my grootste nagmerrie, gelukkig nou veilig ver van my af. Dit het my 'n gevoel van vrede gegee – ten minste is ek nou, vir die wyle veilig. Maar: Die somberheid en geborgenheid van die oomblik, was in 'n oogwink omgekeer toe ek weer mooi kyk.....

Daar sit sy, rustig en veilig op 'n afstand, maar sy lyk eweskielik anders... Dan tref dit my, haar hele mond is bloedrooi gesmeer... Sy lyk soos 'n *Auguste* nar wat enige oomblik iets snaaks gaan doen, tot sy dit toe wel doen – sy maak oogkontak en glimlag...

Dis toe dat ek byna die somberheid verbreek soos in een van AG Visser se kerkgedigte! Haar tande is ook rooi van die lipstiffie! Vir 'n wyle lyk sy soos 'n glimlaggende reeksmoordenaar wat met bloedbesmeerde tande vir haar volgende slagoffer grynslag! Ek het byna myself verloor, gelukkig kon ek weer gaan sit en wag vir die kollekte om klaar opgeneem te word. In die veiligheid van die geheimenis, kon ek klaar lag, al moes ek inhou om dit nie te verloor nie! Na 'n slukkie water en 'n opkyk na die orrelis, wat my in haar truspieëltjie dophou, skud ek myself reg.

Dis tyd vir die seënbede – Mag die genade van die Here Jesus Christus met julle elkeen wees en bly, tot volgende Sondag en die ritueel weer herhaal word....

Profeet Pete

Profeet Pete Burgh sit rustig in die slap *limo* wat hom na die Saal neem. Net sy ma ken hom nog as Pieter Myburgh van Brakpan......

Hy neem die tandestokkie en krap aan 'n klein stukkie *Kobe*bief, wat tussen sy tande vassit. Hy neem die kristalglas, gevul met *Dom Perignon*, 1962 wat glo 'n goeie oesjaar was, of so het hy gehoor en sluk stadig. Hy spoel die koel borrels in sy mond rond en is aangenaam verras dat sy kiestande nie weer pyn nadat hy die veneer laat insit het nie.

Hy vryf denkbeeldige kreukels uit sy *Armani*pak, wat blink soos 'n Karoo-pad na 'n donderbui. Sy *Dior*, egte katoenhemp, is 'n ligte pastelkleur. Die *Hugo Boss* sydas en sakdoekie, rond die prentjie baie goed af. Sy kouse, (*Pringle* sagte nuutwool) sit baie gemaklik en laat die handgemaakte krokodil-leerskoene nóg deftiger lyk.

Buite die Saal drom mense nog steeds saam. Profeet Pete se gesig word groot op 'n skerm geflits. Sy hare is pynlik netjies gesny en gekam. Op die skerm herken hy homself en glimlag heel tevrede. Hy sit sy hand op sy ken en kyk af na die *Tag Heuer* horlosie wat so groot soos *Big Ben* aan sy pols hang.

Die *limo* stop geruisloos. Die deure swaai oop en 4 gewapende eks-*Koevoet* manne, sy span lyfwagte, spring uit en verken die area. Nadat hulle tevrede is dat die gepeupel ver genoeg terugstaan, gee hulle 'n teken sodat Profeet Pete kan uitklim. Anne (voorheen Anna-Marie) klim eerste uit. In haar hande hou sy die buffelsleer-tassie vas waarin Pete se *iTab* en *iPhone* is.

Profeet Pete klim uit en wag vir twee lyfwagte om agter hom te gaan staan voor hy beweeg. Doelgerig, reguit oppad na die Saal, daar waar die skare alreeds wag vir sy woorde van wysheid en hoedat hy 'n nuwe onthulling bekend gaan maak.

Hy raak bewus van die polsende musiek en die gillende skare wat wag vir die "diens" om te begin. By die deur staan nog sekuriteitspersoneel en kyk dadelik af om nie oogkontak met die Man van God – (soos hulle aangesê is) – te maak nie....

Hy word na sy private sitkamer geneem om voor te berei. Die temperatuur van die kamer is 21,7°C. Anne neem die termostaat uit haar handsak en druk die lesing – ja, gelukkig is daar aandag gegee aan die 37 verskillende bepalings soos uiteengesit in Profeet Pete se kontrak. Sy loop na die yskas en tel die bottels: water, 7, reg; *Coke Light* 3, reg; 1 Groot boks *Smarties* (in die deur van die yskas), reg; 2 *Pink Lady* appels – ten minste 10cm in omtrek, reg.....

Profeet Pete gaan sit op die middelste sitplek van die oorgroot rusbank. Anne loop na die *hifi* en kyk na die CD's wat daarop lê. Chopin se Nokturnes – dis wat Profeet Pete wil luister, net voor hy gaan optree. Sy haal die CD uit die kassie, lê dit in die *hifi* neer en druk die SPEEL knoppie. Na 'n paar sekondes begin die musiek deur die sitkamer vloei. Anne maak haar oë toe soos sy Profeet Pete soveel keer gesien doen het. Die musiek oorweldig haar...

"Sit af die gemors," skree Profeet Pete. "Dis nie Rubenstein wat daar speel nie, ek luister nie na @%$% nie!"

Anne verstar. Sy weet wat dit beteken! "Sal u my ooit kan vergewe, o man van God?" Profeet Pete antwoord haar nie, hy maak nie oogkontak nie en wuif net neerhalend met sy hand. Anne druk die STOP-knoppie en ruk die CD uit voordat dit tot stilstand gekom het. Sy gryp lomp na 'n paar ander CD's, opsoek na een van Arthur Rubenstein. Die derde een op die hoop sal kan doen, dink sy. "Dis Rubenstein, dis Chopin" dink sy vinnig by haarself en druk die CD in die laatjie toe, druk die SPEEL-knoppie en wag vir die musiek om Profeet Pete te kalmeer. Die musiek begin stadig, neem weer besit van haar. "Hoe mooi is dit nie?" dink sy weer by haarself.

Sy het haarself nie voorberei wat volg nie...... Profeet Pete staan op en klap haar van haar voete af. "Ek luister na Nokturnes, nie *Concerto's* nie!" Sy gesig is rooi van woede. Hy skop die koffietafel dat dit oor die vloer skuif en met 'n groot lawaai teen die muur in stukke breek.

"Kyk wat doen jy!" skree hy vir Anne wat nog steeds op die grond lê. "Hoe moet ek nou op die boodskap konsentreer?" Anne probeer eers orent kom, maar haar moed begewe haar. Haar gebarste lip pols 'n klein straaltjie bloed, wat teen haar ken afloop.

"Ek is jammer, o man van God!" "Wat kan ek doen om weer in u teenwoordigheid waardig te mag wees?"

Profeet Pete antwoord nie. Hy stap na die yskassie en trek die deur met sy voet oop. Hy gaan beslis nie homself nou verwerdig om vir Anne die ontsmettingsmiddel te vra as hy sy hande moet gebruik om die deur oop te maak nie. Hy buk vooroor en haal die pakkie Smarties uit die deur, skop die deur toe en loop na die rusbank waar hy neerplof.

"Ek kan nie op die verhoog gaan staan en my boodskap verkondig met al die adrenalien wat deur my pomp nie." "Almal – UIT!" skree hy, ek wil stilte om my hê...."

Anne en die lyfwagte bars vinnig uit die sitkamer en maak die deur agter hulle toe.

Uiteindelik is hy weer alleen. Dis stil, sonder al die gekerm om hom. Dis nou hy en sy voorbereiding vir die boodskap wat hy netnou moet lewer.....

Hy haal die *iPhone* uit die tassie. Geoefend maak hy sy *apps* oop. XXX is in 'n weggesteekte *folder*. Hy *click* daarop en sak terug in sy stoel. Sy oë fokus op die skerm. Hy lê terug in die stoel....

Dis vyftien minute later. 'n Klop aan die deur. Hy reageer, soos sy gewoonte is, nie dadelik nie. Weer die klop... "Ja," skree hy. Anne maak stadig die deur oop en loer om die deur na waar hy op die rusbank sit. Die sny aan haar lip het opgehou bloei, maar die bloukol om haar mond sal, soos gereeld voorheen, agter grimering verberg kan word.

"O man van God, ons vra dat u ons moet kom vereer met u teenwoordigheid." Anne waag dit nie om op te kyk en oogkontak te maak nie. Profeet Pete staan op, neem sy tassie en hou dit na haar uit. "Dê, hier!" sê hy. Sy neem die tassie en maak nog steeds nieoogkontak met hom nie.

Profeet Pete haal twee-drie maal diep asem, maak sy oë toe en loop na die deur. Hy steek vas by Anne. "Kyk hoe lyk jy!" "Gaan maak jou reg...."

Anne gee die tassie vir Barrie, een van die eks-*Koevoet* manne en draf op haar hoë hakke vinnig in die rigting van die kleedkamers.

Profeet Pete staan voor die groot deur wat na die Saal lei. "Gee my *^&% tas!" skree hy op Barrie. "Moet ek ook alles doen?"

Hy haal weer diep asem en betree die verhoog onder die applous van duisende wat van regoor die land gekom het om hierdie diens, die eerste in die land, die afgelope 6 maande, te kan meemaak.

"Halleluuuuuuuuuja! Halleluuuuuuuuuuja" Halleuuuuuuuuuja!!" – Profeet Pete stap die verhoog onder oorverdowende applous binne. Hy is alreeds so gewoond hieraan, maar kan nie genoeg kry van die adrenalien nie. "Amen!"

"Amennnnnnnnnn" Weer skreeu en gil die skare, almal reg vir die spesiale Woord wat hy vandag gaan bring....

"Hierdie plek waar jy vanaand is, is 'n *hotspot* vir 'n baie spesiale genade!" Die skare gaan nou omtrent buite hulleself.....

"Wil jy deel hê aan hierdie spesiale genade?" "Wie wil deel in hierdie spesiale genade?" "Ek, ek, ek, ons, ons ...." Die skare dreun-sing hulle bereidwilligheid om die spesiale genade te ontvang, al weet hulle nie wat dit is nie.....

"Net vanaand, net vir die volgende uur, net vir die volgende 52 mense wat elkeen R5000 saai, gaan daar groot wonderwerke gebeur! Jy gaan daardie werk kry wat jy altyd wou hê.....Jy gaan daardie kar kry wat jy altyd wou ry......Jy gaan daardie huis kry wat jy altyd wou hê!" Die skare beur na vore, party gryp-soek na hulle beursies, ander is alreeds voorberei met hulle offerhandes in die spesiale goue koeverte.....

Diakens, gewapen met kaartmasjiene, beweeg tussen die skare. Selfs die wat nie geld het nie, kan hulle bankkaarte *swipe* om deel van die spesiale genade te wees......

Profeet Pete tel hulle "…..48, 49, 50, 51, 52…." Daar is hy, almal van julle is nou deel van die spesiale genade!" Weer gil die skare hulle goedkeuring! "Maar die *hotspot* raak meer gefokus….God het nou net met my gepraat….Hy sê daar is 20 van die 52 wat hier voor my staan, wat meer spesiaal geseën gaan word! God sê jy gaan Sy genade nooit weer sien soos vandag nie! Elkeen wat gaan deel wees van hierdie baie spesiale genade, gaan seerkry in die gee-proses! God sê julle moet elkeen R10 000 gee, dit sal daardie huis wat jy wou hê, soos 'n pophuis laat lyk! God het baie meer vir jou ingedagte as wat jy ooit gedink het moontlik is!"

Weer gil die skare! Hulle is so gewoond aan sy uitsendings waarin hy wys hoe duisende gekry het wat die Profeet, die man van God, belowe het! Sy eie kanaal saai elke dag die getuienisse uit, wie sou daarteen kon stry, hy is immers dié man van God?

Musiek begin al hoe harder speel. Profeet Pete kyk met groot opgewondenheid na die skare wat beur en stamp om voor uit te kom by die kaartmasjiene. Die skare begin ritmies op die musiek te swaai…… die Saal is in beswyming!

Voordat die musiek te lank aanhou, praat die man van God, die Profeet weer. "Terwyl die musiek gespeel het, het ek met God gepraat!" Die skare ontplof! "God sê Hy is baie tevrede met julle geloof." "Ons glo" skree die skare weer!

"God sê Hy het nog 'n baie, baie spesiale genadegawe. Hy wou nie eers gehad het dat ek dit met julle mag deel nie, maar ek het vir God gesê dat hierdie mense baie spesiaal is en dat Hy hulle moet seën!" Nou gaan die skare te kere!

"God sê" – Die Profeet lyk of hy in 'n beswyming is – "nee, ek weet nie of ek dit nou al mag sê nie…" "Sê vir ons, o man van God!" skree die skare…..

"God sê Hy sal die masjinerie vir restitusie nog vinniger laat loop, sodat die eerste en tweede seën vinniger tot uitvoering sal kom!" Die skare skree en maal terwyl sommige net, asof in 'n beswyming, hulle arms oplig, met half-toe oë, op 'n vêr punt fokus.

"God sal hierdie masjienerie aanskakel vir die eerste 8 broeders en susters wat binne die volgende 8-minute R25 000 saai!" "Net R25 000 en jou wense, nee jou toekoms, nee, jou eindbestemming sal vandag waar word."

"My vrou is my getuie, ons kom nou net terug van ons geestelike Vader in Amerika; daar het ons met ons eie oë gesien hoe God vir mense huise gegee het, hoe Hy besighede gegee het..." "Kom my lief, kom vertel vir die mense..." Profeet Pete stap na die kant van die verhoog en strek sy hand uit na Anne, wat asof geprogrammeerd, sy hand in hare sit en haar op die verhoog help....

"Is sy nie mooi nie?" vra hy die skare...... "God het haar spesiaal vir my uitgesoek....sy is my spesiale geskenk direk uit God se Hand!"

Anne neem die mikrofoon in haar hande. Daar is totale kalmte in haar liggaam en in haar stem. Die snyplek en die bloukol is onsigbaar. "Dit is soos die Profeet sê!" dis al wat sy sê. Sy glimlag vir die skare en kyk na Profeet Pete wat terugglimlag en haar weer van die verhoog help.

Die skare skree, juig en is verval in massa-histerie. "Maar, julle moet my nou verskoon, God sê my boodskap vir vanaand is afgelewer!"

Profeet Pete stap, weer sonder om iemand te groet, of dat iemand hom in die oë kyk, na die wagtende limo.

Terwyl die limo deur die strate jaag, oppad na die 7 Ster Hilton, lui sy *iPhone*. Hy pluk die foon uit Anne se hande. "Kennisgewing van betaling – R350 000" (vir die aand se werk)

Profeet Pete kyk na Anne en neem haar hand in syne. "Dit was 'n wonderlike, Goddelike aand vol seën, né....."

Ter afsluiting

Dankie, dat jy die tyd geneem het om hierdie boek te lees. Ek glo dat, indien jy in die Weermag was, jy baie van die insidente as "bekend" sou ervaar! Ek glo ook dat dit jou weer teruggeneem het na 'n tyd waarin ons geslyp is om die persone te wees wie ons vandag is.

Ja, daar was ook baie gelag ook in die Weermag. Dalk nie wanneer 'n insident plaasgevind het nie, maar nou, na soveel jare, hunker ons weer daarna om daardie tye te herleef, soms met 'n traan op die wang....

Dalk sit jy vandag met die seer van daardie tyd, die emosies van persoonlike ervarings, die verlies van 'n makker en nog vele meer. Dalk weet jy nie hoe om dit te oorkom nie, of, dalk het jy nie eers besef dat daar 'n verandering in jou lewe plaasgevind het nie.

Ek wil jou vandag uitnooi, nee, ek wil jou vandag versoek, om nie daardie seer alleen te dra nie. Daar is verskeie Organisasies wat kan help, ook om jou te help om vrede met jou verlede te maak.

Daar is ook die wete dat hierdie wêreld, met al sy stampe en stote, die hartseer en die humor, nie die einde van alles is nie. Soveel van ons makkers het alreeds die pad na die ewigheid gestap. Ons almal gaan daardie pad moet stap. Is jy gereed?

Jy hoef nie vêrder in onsekerheid te leef oor die lewe hierna nie. Indien jy ernstig is oor die versekering van redding wil ek jou vra om hierdie gebed te bid:

Vader, ek weet dat ek verlore en ''n sondaar is. Ek weet dat ek nie enigiets van U verdien nie. Ek glo dat Jesus vir my aan die kruis gesterf het en ook opgewek is uit die dood. Ek glo dat Hy weer sal kom om ons na U te neem. Vergewe my al my sondes en maak my nuut. Kom neem besit van my lewe en laat my nooit weer terugkyk na die lewe wat ek voorheen gehad het nie. In Jesus Naam – Amen

Indien jy hierdie gebed gebid het, wil ek jou verseker – Jy is nou 'n kind van God! Baie geluk met daardie groot besluit.

Laat weet my gerus indien jy daardie gebed gebid het! **carljdavis@gmail.com**

Baie seen!

---

[1] Permanent Force of Staandemag

[2] Weermag naam vir Sielkundiges, hetsy klinies of bedryfs.

[3] "No Ambition and *&^&-all Interest"

Also by Carl Davis

Ek, is Dawid Soeker
A Brief History Of Christianity In Africa
Icing the Eskimo - The Art of Aggressive Sales
Introduction to Pastoral Counselling
Nuclear Faith
Toxic Pulpit
Van Paradegrond tot Pastorie
Group Dynamics and Motivation
Introduction to Leadership and Management
Pastoral counselling models for perinatal and postpartum episodes
Basic New Testament Survey
Help! I'm managing personnel
So......You want to be a Waiter
The Art of Preaching
Eternal Logos: The Evolution of Scriptural Interpretation: From
Ancient Methodology to Postmodern Perspectives
Ewige Woord Die Evolusie van Skrifuitleg: Van Antieke Metodiek tot
Postmoderne Perspektiewe
Teaching Ministry

About the Author

Carl Davis holds a Doctorate in Missiology based upon research of Organizational Growth in the Post Modern Society.I started my work life serving in the South African Defence Force – first at the Recruiting Division, then moving to a Medical Command where I served as a Generalist Personnel Officer. For the last two years of my service, I was tasked with the Personnel management of the Integration process, inclusive of entrance and exit strategies.After honorable discharge after more than 10 years in the South African Defence Force, I took up the post of Managing Director of a Non-Government Organization, established to uplift impoverished communities in and around Potchefstroom, while also appointed as a part-time lecturer of undergraduates (specifically on leadership).Three years later I was appointed as Rector, managing an Educational Institute with 4000 students spread over 36 African countries. While in this position I had the opportunity to lecture extensively abroad and published various articles on leadership; with specific emphasis on motivation and group dynamics. I am a strong believer in utilizing a blended and integrated approach in all of the training (including the new material which I developed) I developed which included – Leadership (within a Faith based community), andragogy, and Cultural Diversity management.I am also a graduate of the University of Stellenbosch's Facilitative Leadership Programme (BUVTON), consulting and facilitating with organizations that are "stuck" (- Alice Mann 1998-) specifically in the process of change management.